APRENDER CIENCIAS EN LA EDUCACIÓN PRIMARIA

CIENCIAS EN PRIMARIA   1   GRAÓ

Colección Ciencias en Primaria
Directores de la colección: Jordi Martí, Carme Albaladejo, Olga Schaaff
Serie Didáctica de las ciencias experimentales

© Jordi Martí Feixas

© de esta edición: Editorial GRAÓ, de IRIF, S.L.
C/ Hurtado, 29. 08022 Barcelona
www.grao.com

1.ª edición: mayo 2012
ISBN: 978-84-9980-443-9
D.L.: B-17137-2012

Diseño: Maria Tortajada
Impresión: Imprimeix
Impreso en España

Índice

Presentación 5

1. Finalidades de la enseñanza de las ciencias
   en la escuela primaria. Un breve recorrido histórico 9
   Desarrollar las facultades cognitivas generales de los niños 10
   ⬦ Las lecciones de cosas 10
   ⬦ La influencia de la obra de Piaget
     en la enseñanza de las ciencias. 16

   Adquirir los conocimientos y los métodos de la ciencia 18
   ⬦ Científicos y educación científica 19
   ⬦ El debate conceptos *versus* procedimientos 22
   ⬦ El *nature study* 26
   ⬦ Aprender a investigar e investigar para comprender 28

   Desarrollar la competencia científica 32

2. Aprender a investigar 37
   La ciencia: una actividad que genera conocimiento 39
   Las preguntas. 45
   El ámbito de los datos, los hechos y las evidencias 56
   ⬦ Observar 59
   ⬦ Experimentar. 64
   ⬦ El diseño experimental con control de variables 67
   ⬦ Analizar datos y establecer conclusiones 73
   ⬦ Evaluar y revisar la obtención de datos
     y el establecimiento de evidencias 77
   ⬦ Las habilidades de investigación de los niños y niñas 79

   El ámbito de las explicaciones y los modelos teóricos 83
   ⬦ Las explicaciones científicas como narraciones. 85
   ⬦ Modelos y modelización. Hipótesis y predicciones. 91
   ⬦ Algunas orientaciones para el trabajo en el aula 97

3. Investigar para comprender **101**

¿Por qué es importante plantearse cómo se aprende?. 103

La construcción de conocimiento en dominios específicos 106

◇ La idea del dominio específico y las teorías intuitivas 108

◇ Mecanismos que intervienen en el proceso

de cambio conceptual 115

◇ Procesos de cambio en las teorías intuitivas

de los niños y niñas 117

4. El conocimiento intuitivo de los niños, punto de partida

del diseño curricular **131**

El conocimiento infantil sobre los seres vivos 133

◇ Formas generales de razonamiento infantil sobre los seres vivos . . . 134

◇ Implicaciones del conocimiento biológico infantil

para el diseño curricular 143

El conocimiento infantil sobre la estructura de la materia 145

Referencias bibliográficas **149**

Presentación

Aprender ciencias no es fácil. Todos los maestros tienen la experiencia, como promotores del aprendizaje científico de los alumnos pero también como aprendices de ciencias a lo largo de su escolaridad. ¿Qué es lo que dificulta el aprendizaje de las ciencias? Hay muchos factores que intervienen pero entre todos ellos queremos destacar los factores de carácter cognitivo, que han sido muy estudiados durante los últimos veinte años, tanto desde la psicología del desarrollo cognitivo como desde la didáctica de las ciencias.

Como formador de maestros siempre me ha llamado la atención el desconocimiento generalizado de las aportaciones recientes que las disciplinas anteriormente citadas han hecho al problema del aprendizaje de las ciencias. En buena parte, la razón de todo esto se debe a que la inmensa cantidad de artículos y libros disponibles normalmente se dirige solamente a la propia comunidad investigadora y, por lo tanto, está muy poco al alcance de los maestros que trabajan en el aula. En su conjunto, se trata de aportaciones que son producto de la investigación sistemática y que tienen consecuencias directas para el trabajo en el aula.

Por este motivo, el principal propósito de este libro es hacer de portavoz. De manera que a lo largo de sus páginas nos hacemos eco de las aportaciones que hemos considerado más novedosas y relevantes con relación al aprendizaje de las ciencias del alumnado de educación primaria. El libro, por lo tanto, pretende contribuir a la actualización del conocimiento didáctico de los maestros.

Bärbel Inhelder y Annette Karmiloff-Smith (1981), dos colaboradoras de Piaget, publicaron ya hace muchos años un artículo que, refiriéndose a la naturaleza teórica del conocimiento infantil, se titulaba: «Si quieres avanzar, hazte con una teoría». Muy a menudo los maestros piensan que lo que más necesitan es saber cómo hacer las cosas, cómo llevarlo a la práctica que, al final, es lo que verdaderamente importa. Tienen razón pero también es importante darse cuenta de que no hay práctica sin una teoría que la sostenga y que siempre la práctica que se lleva a cabo se basa en alguno u otro marco teórico, aunque sea implícito. Decimos esto porque este libro es básicamente un «libro de teoría» aunque, evidentemente, también contiene ejemplos que ilustran los planteamientos teóricos y también plantea orientaciones para la actuación en el aula.

Queremos transmitir una nueva visión sobre las posibilidades (y dificultades) del aprendizaje de las ciencias de los niños y niñas de primaria, que nos tendría que permitir adoptar nuevos criterios para definir finalidades, seleccionar contenidos, escoger enfoques metodológicos, evaluar, etc.

En el primer capítulo (p. 9), aprovechando las grandes finalidades de la enseñanza de las ciencias como marco estructurador, se hace un repaso a diversas aportaciones que, históricamente, han contribuido de una manera muy significativa a la configuración de la ciencia en la escuela. No pretendemos hacer un repaso histórico exhaustivo, y por este motivo muchos lectores pueden detectar algunas carencias. Lo que pretendemos es mostrar que todo tiene una historia, y la enseñanza de las ciencias en la escuela primaria también tiene la suya. Conocerla, aunque sea en sus características más generales, nos tendría que ayudar a contextualizar mejor la situación con la que nos encontramos hoy en día.

Actualmente, hay un amplio consenso en considerar la necesidad de desarrollar la competencia científica como principal finalidad de la enseñanza de las ciencias, y también existe un amplio acuerdo en considerar que este desarrollo se alcanzará mejor usando estrategias de enseñanza de las ciencias basadas en la investigación científica de los alumnos. Por esta razón, el grueso del libro lo dedicamos a desarrollar el lema «aprender a investigar e investigar para comprender», que creemos que recoge la esencia de muchos de los planteamientos actuales en didáctica de las ciencias.

Para que un niño o una niña puedan investigar científicamente es necesario que aprendan (y que alguien se lo enseñe). Por este motivo, dedicamos el segundo capítulo (p. 37) a la idea de «aprender a investigar». Ahí exponemos una forma operativa de entender la actividad científica que puede ser útil para diseñar las tareas que dirigimos a los niños y niñas, y describimos más detenidamente sus elementos principales: hacerse preguntas, generar datos a través de la observación y la experimentación, establecer hechos, generar ideas y modelos teóricos, y usarlos para explicar.

Aprender a investigar es importante pero, desde nuestro punto de vista, la investigación escolar sólo tiene sentido si conduce progresivamente a los niños y niñas a aprender lo más valioso de la actividad científica: sus productos, es decir, sus conocimientos y sus formas específicas de razonar, lo que últimamente se ha denominado grandes ideas de la ciencia (*big ideas*) (NRC, 2011). Así pues, dedicamos los dos últimos capítulos a la idea de «investigar para comprender». En el tercer capítulo (p. 101) hacemos un repaso general a las aportaciones recientes de la psicología cognitiva con relación a la importancia del aprendizaje en dominios específicos, a la caracterización del conocimiento infantil como teorías implícitas, y a los niños como pensadores teóricos, y a los mecanismos de cambio conceptual como vía para la evolución del conocimiento intuitivo de los niños. El cuarto capítulo (p. 131) lo dedicamos a exponer de manera resumida las evidencias que en los últimos años se han ido recogiendo sobre el conocimiento intuitivo de los alumnos de primaria en dos grandes ámbitos: los seres vivos y la materia.

Presentados el objetivo y la estructura del libro sólo nos faltan los agradecimientos. En primer lugar, querría dar las gracias a todas y todos los estudiantes de magisterio, y a todas y todos los maestros con quienes he enseñado, compartido y aprendido sobre las ciencias en la escuela primaria. A Cinta Vidal y a Maruja Caruncho, de Graó, por haberme ofrecido la posibilidad de hacer este libro. A Rosa Maria Pujol, Mercè Izquierdo y Neus Sanmartí, que considero mis Maestras, en mayúsculas, en el mundo de la didáctica de las ciencias. A mis compañeros de la Universidad de Vic con quienes hemos discutido muchas veces (y lo continuamos haciendo) sobre la enseñanza de las ciencias y sobre la formación de los maestros de primaria. Muy especialmente, a Isabel Jiménez, que tuvo la paciencia de leerse un primer borrador del libro. También a Carme Albaladejo y a Olga Schaaff, por sus atinados comentarios, aunque no las he hecho caso en todos ellos. Finalmente, y sobre todo, a mi compañera Clara y a nuestro hijo Roger, que me han concedido el tiempo para pensar y para escribir.

1
Finalidades de la enseñanza de las ciencias en la escuela primaria. Un breve recorrido histórico

Antes de empezar, pensemos un rato...
- ¿Para qué ha de servir aprender ciencias?
- ¿Qué ciencias han de aprender los niños y niñas de primaria?

La enseñanza de las ciencias[1] en la educación primaria ha recorrido un largo camino, cuyo inicio lo podemos situar hacia mediados del siglo XIX en países como Reino Unido, Estados Unidos o Francia (Boyer, 2006; DeBoer, 1991; Layton, 1973). En nuestro país también está presente durante el siglo XIX pero no es hasta 1901, con las llamadas *Nociones de ciencias físicas y naturales* (Bernal, 2001), cuando la ciencia entra oficialmente a formar parte del currículo de todos los niveles de la educación primaria y para toda la población escolar, tanto niños como niñas.

Esta larga trayectoria se ha edificado con las aportaciones de la pedagogía y la psicología, articuladas a través de la didáctica de las ciencias, y ha supuesto un vaivén entre las finalidades perseguidas, la realidad de las aulas, la evolución de las concepciones sobre la ciencia, y la investigación sobre los procesos de enseñanza y aprendizaje.

---

1. En este capítulo usamos la expresión «enseñanza de las ciencias» como un término genérico que incluye todo tipo de propuestas orientadas a introducir o ampliar el conocimiento de los niños y niñas sobre los objetos y fenómenos naturales.

Este primer capítulo lo centramos en las finalidades que se han atribuido a la enseñanza de las ciencias a lo largo del tiempo, lo cual nos permitirá entrever cómo han ido cambiando las propuestas sobre contenidos, estrategias metodológicas, materiales, etc. En definitiva, nos ha de poder servir para contextualizar mejor la situación y los planteamientos que hoy en día son más destacados.

Las disciplinas escolares son fruto de un proceso de construcción social y se incorporan al currículo porque en un momento determinado se piensa que producirán ciertos resultados que se consideran deseables, ya sea individual o socialmente (DeBoer, 1991). En este sentido, para la enseñanza de las ciencias se han propuesto diversas finalidades generales a lo largo del tiempo, que no suelen ser incompatibles entre ellas. Las más significativas han sido: el desarrollo de las facultades cognitivas generales del alumnado, la adquisición de los conocimientos y los métodos de la ciencia, y el desarrollo de la competencia científica.

Desarrollar las facultades cognitivas generales de los niños

El desarrollo de las facultades cognitivas generales de los niños es, sin duda alguna, la finalidad más antigua que se ha utilizado para justificar la presencia de las ciencias en la escuela primaria. Podemos considerar que ha tenido dos momentos destacados: al inicio de la enseñanza de las ciencias, con las llamadas *lecciones de cosas*, y hacia los años sesenta-setenta, con la influencia de la obra de Piaget.

Las lecciones de cosas

Los historiadores del currículo sitúan el inicio de la enseñanza de las ciencias en la escuela primaria con las lecciones de cosas (Bernal, 2001; Boyer, 2006; DeBoer, 1991). *Las lecciones de cosas* tienen su referente pedagógico inmediato en el principio de la educación intuitiva de Pestalozzi (Pestalozzi, 1801/1986). Desde este principio se asume que el conocimiento se inicia con la intuición sensible de las cosas, y es partir de aquí que se forman las ideas. En consecuencia, la percepción directa de los objetos reales es para Pestalozzi un elemento fundamental de los procesos de conocimiento, porque es a través de los sentidos que es posible la intuición: «En tanto que ser vivo y físico no eres nada más que tus cinco sentidos; en consecuencia, la claridad o la oscuridad de tus conceptos ha de proceder absoluta y esencialmente de la proximidad o de la lejanía con la que todos los objetos exteriores afectan a esos cinco sentidos» (Pestalozzi, 1986, p. 90). Heredero de las ideas de Rousseau, Pestalozzi situaba el desarrollo de los niños en el centro de su proyecto pedagógico, y consideraba que su desarrollo sensorial, intelectual y moral tenía que seguir el curso evolutivo de su naturaleza, de manera que la educación no podía avanzar sin tenerlo en cuenta.

El método de enseñanza pestalozziano se desarrollaba «enseñando a los niños a observar cada objeto del que hayan llegado a tener conciencia como unidad, es decir, separado de aquellos a los que parece que está unido». Precisamente, de la importancia que la pedagogía pestalozziana otorgaba a la presencia y contacto con los objetos se derivaron las *lecciones de cosas*, que tuvieron mucha influencia a lo largo de todo el siglo xix y principios del xx.

Las primeras obras referidas a lecciones de cosas aparecieron en la década de 1830, y de ellas sobresale el libro de los hermanos Elizabeth y Charles Mayo, titulado *Lessons on objects, as given to children between the ages of six and eight, in a pestalozzian school, at Cheam, Surrey*, editado por primera vez en Inglaterra en 1831, reeditado en múltiples ocasiones y traducido a diversos idiomas, entre ellos el castellano.[2]

Según estos autores, la intención general de las lecciones de cosas era «conducir a los niños a observar con atención los objetos que les rodean para después describir cuidadosamente las impresiones que éstos le han transmitido» (Mayo y Mayo, 1851, p. 1). Los autores insistían en que los maestros no tenían que cometer el error de dar demasiada información porque esto hacía mantener la mente de los alumnos en una actitud pasiva en un momento en que, por el contrario, los niños y niñas tenían que ir mejorando su poder mental con el ejer-

---

2. En una traducción hecha en Madrid en 1849 con el título *Lecciones sobre objetos destinados a los niños de cinco a ocho años por Charles Mayo. Traducidas del original inglés.* Tanto el original en inglés como la traducción en castellano se pueden obtener en Internet.

cicio de sus propias facultades. Igualmente, consideraban un error dar un nombre antes de que el alumno lo pidiera o antes de que la idea de una determinada cualidad se formara en la mente del alumno. Por este motivo, recomendaban «comenzar por los sentidos y no explicar nunca lo que el propio alumno puede descubrir por él mismo» (Mayo y Mayo, 1851). De estas orientaciones se desprenden claramente ciertas asunciones psicológicas sobre cómo se produce el proceso de aprendizaje que, en este caso, se aproxima claramente a las concepciones empiristas según las cuales el conocimiento proviene directamente de los sentidos, sin prácticamente ningún tipo de construcción interna.

Los primeros manuales de lecciones de cosas eran publicaciones destinadas a los maestros, y se organizaban en series graduales, agrupando un conjunto de lecciones. Cada serie incluía un conjunto de objetos seleccionados con la finalidad de ejercitar las diferentes facultades de los alumnos, de acuerdo con lo que en la época se consideraba su proceso natural de desarrollo intelectual. De esta forma, las primeras series ejercitaban las facultades perceptivas, fijando la atención en las cualidades de los objetos que se podían percibir a través de los sentidos y aportando, posteriormente, el vocabulario adecuado para expresarlas. Las series siguientes se destinaban a buscar similitudes y diferencias, y a hacer comparaciones y descubrir analogías, de manera que se cultivaran las facultades de ordenación y clasificación. Las últimas series pretendían activar el razonamiento y el juicio, descubriendo las relaciones de causa-efecto, y daban mucha importancia a la expresión oral y escrita.

Algunos ejemplos de cosas que aparecían en las diferentes series son: cristal, cuero, azúcar, lana, esponja, leche, arroz, sal, lápiz, silla, libro, manzana, miel, piedra, aceite, papel, algodón, porcelana, cobre y hierro. Como se puede ver, se trata de un conjunto muy heterogéneo de cosas, dado que la finalidad prioritaria no era el conocimiento del objeto en sí mismo sino el desarrollo intelectual de los niños. En este sentido Calkins, en 1890, afirmaba: «[las lecciones de cosas] Tienen por propósito el desarrollo completo de todas las facultades del niño y su uso adecuado en la adquisición de conocimiento [...]. Su propósito no es aprender hechos [...] sino el desarrollo, mediante la acción vigorosa y saludable, de las capacidades del niño para obtener y gestionar el conocimiento [...]. No importa cuáles sean las cosas que se utilizan para enseñar, ni tampoco qué se enseña sino los principios con los cuales se lleva a término la enseñanza, el propósito y la manera de enseñar» (citado en Barberà, 2004, p. 365). Por lo tanto, en los primeros modelos de enseñanza de las ciencias, el conocimiento del mundo, que es el objetivo prioritario de la ciencia experta,[3] sólo es un objetivo subsidiario.

En España, las lecciones de cosas también tuvieron éxito (Escolano, 1997). Se hicieron muchas traducciones de las obras dirigidas a los maestros, entre las cuales los libros de Mayo y de E.A. Sheldon (1862),[4] y las lecciones de cosas formaron parte de las propuestas metodológicas de diversos pedagogos españoles de finales del siglo XIX y principios del XX, como por ejemplo Pedro de Alcántara García, que en 1881 publicó *Educación intuitiva y lecciones de cosas.*

En un libro posterior, *Compendio de pedagogía teórico-práctica* (1891),[5] este pedagogo describe las finalidades de la enseñanza de las ciencias y dice: «En efecto: por lo que las ciencias naturales tienen de observación sensible, contribuyen mucho a desarrollar los sentidos, dando el hábito de ver bien y con exactitud; por su índole, desarrollan no menos el espíritu de observación, considerando como el mejor de los profesores, y con todo ello, ejercitan y cultivan el juicio y el razonamiento, a la vez que estimulan la imaginación por las maravillas que nos descubren. Por lo que tienen de ciencias de clasificación, ejercitan la inteligencia en comparar, hallar analogías y establecer diferencias, con lo que sirven de gimnasia al juicio, el razonamiento y la reflexión, y dan al espíritu hábitos de orden». Como se puede ver, no se hace ninguna referencia a la construcción específica de conocimientos conceptuales.

Gracias a la defensa que Pedro de Alcántara y otros influyentes pedagogos de finales del siglo anterior hicieron de las lecciones de cosas como método de enseñanza, durante el primer tercio del siglo XX se publicaron en España muchos libros de lecciones de cosas. Aún así, poco a poco los libros publicados ya no respondían a las finalidades iniciales de las obras pioneras. En lugar de servir como soporte y orientación a los maestros, ahora se trataba de libros de lectura para

---

3. A lo largo de todo el libro usaremos el término «ciencia experta» para referirnos a la ciencia de los científicos y, así, distinguirla de la ciencia que se hace en la escuela.

4. La obra original de Sheldon es *A manual of elementary instruction, containing a graduate course of object lessons for training the senses and developing the faculties of children*, disponible en la *web www.archive.org/details/manualofelementa00shel* de la Biblioteca del Congreso de Estados Unidos.

5. Estas dos obras de Pedro de Alcántara están disponibles en la web *www.cervantesvirtual.com* de la Biblioteca Virtual Miguel de Cervantes.

los alumnos –como, por ejemplo, el de Joaquim Pla i Cargol titulado *Otras lecciones de cosas* (*lecturas científicas*), editado en Girona en 1914–, que solamente compartían con los primeros manuales de lecciones de cosas la conversación que se proponía al final de cada capítulo y la información para los maestros que aparecía al final del libro (cuadro 1). A diferencia de los libros iniciales, estos otros cada vez incorporaban más ilustraciones y, progresivamente, se fueron convirtiendo en libros de curiosidades y de información.

Cuadro 1. Ejemplos de libros de lecciones de cosas editados en España a principios del siglo xx

Esto provocó que las lecciones de cosas, como metodología de trabajo en el aula, fueran acumulando críticas y un cierto descrédito entre los maestros y pedagogos renovadores. De esta forma, el maestro catalán Lluís Alabart afirmaba: «Como quiera que por las lecciones de cosas nos proponemos en primer lugar hacer que los sentidos se ejerciten, para que transmitan fielmente del exterior aquellas impresiones, base de los conocimientos que han de formar el alma activa del niño, es natural que no serán tales lecciones de cosas, aquellas en que se prescinda de la intuición, como ocurre por ejemplo cuando se da una lección sobre la hulla sin que el niño tenga a la vista, para poderlo observar, un fragmento de dicho producto. Lo mismo decimos de algunas obras de lectura para la escuela primaria, las cuales con el título de *lecciones de cosas*, se proponen dar conocimientos sobre objetos concretos teniendo como único material algún grabado, la mayoría de las veces, bien distinto de la realidad que se proponen representar». De una manera contundente aseveraba que «toda lección de cosas que se dé prescindiendo del objeto tangible, debe desecharse como tal; en realidad no es una lección de cosas, es una lección de palabras». (Alabart, 1926, pp. 5-6).

También Rosa Sensat y Margarida Comas, dos grandes maestras y pedagogas, se cuestionaron las lecciones de cosas. Sensat defendía el principio de intuición pero criticaba la mecanización del método: «Lección de cosas en sí no es nada más que una aplicación de la enseñanza intuitiva, el acto de situar al niño en presencia de las cosas con el fin de que las mire, las observe y hable de ellas. Pero, por ciertos fenómenos de mecanización o rutina que por desgracia se adueñan de la escuela, han degenerado en unos ejercicios de análisis que conducen a decir: la nieve es blanca, fría, blanda, etc.; el carbón es negro, sólido, poroso, combustible, útil..., y siempre igual para todos los casos y todas las cosas» (Sensat, 1996, p. 106).

Comas, por su parte, criticaba la falta de estructura lógica en las selecciones de cosas que constituían las lecciones, y lo manifestaba en un artículo publicado en 1925 en la *Revista de pedagogía*: «[*el nature study*] No se parece a las antiguas lecciones de cosas a pesar de ser su sucesor, ya que estas lecciones de cosas se refieren tanto a fenómenos naturales como a artificiales, y tienen como diferencia capital la falta de relación entre los diferentes temas, pues una lección sobre glaciares puede ir a continuación de otra referente a la gallina, y se conforman a menudo con la imagen del objeto en lugar del propio objeto» (citado en Bernal y Comas, 2001). A diferencia de Sensat, Comas no defendía explícitamente el principio de la intuición y proponía un enfoque metodológico muy diferente, basado en la investigación de los alumnos y más orientado a promover la adquisición de las formas de razonar de la ciencia (Comas, 1937).

Críticas de este estilo, en que se cuestiona una aplicación poco rigurosa de los elementos básicos de la metodología de las lecciones de cosas, también se dio en otros países. Como se puede ver, ya desde su inicio, ha habido una cierta disonancia entre los planteamientos teóricos sobre la enseñanza de las ciencias y su traducción en la elaboración de materiales curriculares que, todavía hoy, se mantiene (National Research Council, 2007). Quizá por eso el recientemente publicado Informe ENCIENDE, editado por la Confederación de Sociedades Científicas de España, recomienda «promover el desarrollo de materiales didácticos innovadores para la enseñanza de las ciencias [en la educación primaria]» (COSCE, 2011, p. 68). Sin duda, es un aspecto sobre el cual habría que prestar más atención, dado que los materiales curriculares tienen un papel muy importante, aunque frecuentemente implícito, en la formación y la actuación de los maestros (Davis y Krajcik, 2005).

La influencia de la obra de Piaget en la enseñanza de las ciencias

La atención al desarrollo de las facultades cognitivas generales de los niños ha sido una constante desde los planteamientos iniciales de las lecciones de cosas.

A lo largo del siglo xx, los modelos psicológicos sobre el aprendizaje se han convertido en elementos de referencia decisivos en el establecimiento de las prácticas escolares, especialmente en la educación primaria porque proporcionan los marcos interpretativos que permiten analizar los procesos de construcción de conocimiento y, aunque no prescriben cómo enseñar, de ellos se pueden derivar principios didácticos para orientar la práctica educativa. En este sentido, Piaget afirmaba: «Es necesario que el maestro, además de conocer su ciencia, esté informado bien de cerca sobre el detalle del desarrollo psicológico de la inteligencia infantil o adolescente». Y añadía: «Hay que esperar una colaboración mucho más íntima que no existió antiguamente entre la investigación fundamental y la experimentación pedagógica metódica» (Piaget, 1985).

En la década de los sesenta, la presencia de la ciencia en la escuela primaria estaba plenamente consolidada en todas partes pero las primeras evaluaciones de resultados permitieron observar que el nivel de aprendizaje no se podía considerar idóneo (Osborne y Simon, 1996). Esta situación coincidió con un momento de gran influencia en todo el mundo de las teorías de Piaget en la práctica escolar.

Una de las aportaciones más significativas de Piaget fue la descripción de diversos estadios en el proceso de desarrollo cognitivo de los niños. Cada estadio se caracterizaría por una estructura cognitiva general que afecta a todas las formas de pensamiento durante aquel estadio y es independiente de los conocimientos específicos, de manera que cada estadio representa la forma de comprender la realidad de un individuo durante un cierto periodo. Así pues, el desarrollo cognitivo sería un proceso de carácter general, que se da independientemente de los contenidos específicos, y que se correspondería con el paso de un estadio a otro, es decir, de una estructura cognitiva general a otra. Buena parte de las habilidades que se consideran propias del pensamiento científico pertenecerían, según el modelo de Piaget, al estadio de las operaciones formales, lo cual condujo a pensar que el pensamiento científico, al menos en su forma más elaborada, no era asequible a las capacidades de los niños y niñas de educación primaria.

En el ámbito de la enseñanza de las ciencias, las aportaciones de Piaget sirvieron de base al diseño de diversos proyectos curriculares para la educación infantil y primaria (Kamii y De Vries, 1989).

La teoría piagetiana ejerció diversas influencias en las formas de concebir la enseñanza de las ciencias, tanto en las finalidades como en las formas de enseñar (Inagaki, 1992). Con relación a las finalidades, se observa que las propuestas curriculares de inspiración piagetiana adoptan como objetivo central el progreso desde los estadios iniciales hacia los estadios posteriores de desarrollo. Esta idea condujo a menospreciar la importancia de la construcción conceptual, y a no hacer caso de la naturaleza y las características específicas del pensamiento científico infantil (véase el capítulo 3).

La segunda implicación de los planteamientos piagetianos para la enseñanza de las ciencias tiene relación con cómo enseñarlas. En este sentido se recoge la idea de que la acción de los niños y niñas es muy importante para la construcción del conocimiento. En consecuencia, se adopta el principio de la actividad de los alumnos;[6] según este principio, es necesario que los alumnos actúen sobre los objetos y los manipulen, que exploren la realidad, se hagan preguntas, elaboren predicciones, comparen los resultados de sus acciones, etc. Por lo tanto, se trataría de una actividad manipulativa y, al mismo tiempo, intelectual, porque el propio Piaget consideraba que actuar sobre los objetos sin una predicción previa no tenía ningún valor educativo. En defensa de la actividad mental del niño, con relación al aprendizaje científico, Piaget afirmaba con una cierta ironía: «Se cree haber proporcionado una formación experimental suficiente iniciando al alumno en los resultados de experiencias pasadas o haciendo el espectáculo de experiencias y demostraciones hechas por el profesor, como si uno aprendiera a nadar mirando cómo nadan los otros, mientras estás sentado en los bancos del muelle» (Piaget, 1985).

Asimismo, en la realidad del aula estas ideas se han traducido sobre todo en actividades que tienen un componente más manipulativo que mental haciendo, por ejemplo, que los niños y niñas actúen sobre los objetos (empujar, hacer rodar, so-

---

6. Este principio de actividad ya estaba presente en muchas de las propuestas anteriores de enseñanza de las ciencias. Ahora, la diferencia estriba en que la idea de actividad está fundamentada en una forma de concebir los procesos de aprendizaje, el constructivismo, que presupone que el conocimiento se construye de manera mentalmente activa.

plar, etc.), observen sus reacciones, y así confirmen o refuten sus propias predicciones, elaboradas previamente. Parece como si en la práctica del aula se mantenga de manera subyacente una concepción empírica del aprendizaje, según la cual el conocimiento se genera desde los sentidos sin mucho conflicto y con poca construcción interna.

Una de las principales críticas al uso de la teoría de los estadios como referente educativo para la enseñanza de las ciencias es que a menudo se ha tomado la idea de estadio para centrar más la atención en lo que se supone que los niños no pueden hacer en una determinada edad, y no en lo que los niños y niñas sí son capaces de hacer en un contexto de enseñanza-aprendizaje adecuado (Metz, 1995; NRC, 2007).

La influencia de la obra de Piaget en la enseñanza de las ciencias comenzó a decaer a partir de la década de los ochenta, momento en que las aportaciones de los llamados *psicólogos postpiagetianos* (Inagaki, 1992) empezaron a cuestionarse algunos de los supuestos empíricos y teóricos de la teoría piagetiana del desarrollo. Este cuestionamiento ha ayudado a promover la aparición de nuevos modelos teóricos para la enseñanza de las ciencias que, aunque asumen algunos de los principios piagetianos, incorporan nuevas evidencias y nuevas formas de interpretar los procesos de desarrollo. Surgen nuevos conceptos como, por ejemplo, concepciones alternativas, teorías implícitas, cambio conceptual, conocimiento intuitivo, modelos, representaciones mentales etc. Como desarrollaremos en el capítulo 3 (p. 101), el gran cambio radica en que el conocimiento específico que tienen los niños y niñas se toma más en serio, y también en que se vincula el aprendizaje a la adquisición de conocimientos en dominios específicos y no tanto al desarrollo de estructuras cognitivas de carácter general.

Adquirir los conocimientos y los métodos de la ciencia

A medida que la ciencia se convierte en una fuente de conocimiento valorada por la sociedad y por los poderes políticos y económicos, se reivindica su presencia en la escuela primaria por ella misma. Se defiende la importancia de aprender la ciencia como una forma de generar conocimiento, sus métodos, y también la importancia de disponer de un conocimiento factual útil, ya sea para el bienestar personal (salud, higiene), para el futuro económico y tecnológico de la sociedad en general (ayudando a promover futuras vocaciones científicas) o, como en el *nature study*, por el placer de comprender y disfrutar de la naturaleza. Actualmente, también se defiende la educación científica como un elemento clave de la vida en democracia, en que muchas veces habrá que opinar y actuar desde el conocimiento científico disponible (Morin, 2000; Pujol, 2003).

Además de todo esto, también consideramos importante reivindicar la adquisición de conocimiento científico (métodos, hechos y modelos teóricos), simplemente por satisfacer el gozo de comprender (Wagensberg, 2007) porque no podemos olvidarnos de que la voluntad de comprender es un impulso muy humano y, precisamente, el desarrollo de la ciencia es un ejemplo de ello. En última instancia, la ciencia no deja de ser un componente muy importante de nuestra herencia cultural que ha contribuido, y contribuye todavía, a configurar nuestra cosmovisión.

Sea como sea, ya no se trata de que los conocimientos y los métodos de la ciencia tengan un papel subsidiario sino de que ocupen un lugar central. ¿Cómo evolucionó esta idea?

En los siguientes subapartados analizamos el papel que tuvieron los científicos del siglo XIX en la defensa de la incorporación de la ciencia en el currículo de la escuela primaria, analizamos los hitos más relevantes de un antiguo debate sobre la dicotomía de conceptos *versus* procedimientos, nos referimos brevemente a los planteamientos y la influencia del *nature study* y, finalmente, exponemos los orígenes de la investigación de los alumnos como método de trabajo en el aula.

Científicos y educación científica

Los inicios de la reivindicación de la necesidad de incorporar el conocimiento y los métodos de la ciencia en la escuela primaria los podemos remontar hasta finales del siglo XIX, gracias a la defensa que hicieron de ella algunos reconocidos científicos de la época como Faraday, Huxley, Spencer o Agassiz.

Los historiadores de la enseñanza de las ciencias han señalado la importancia que en su momento tuvieron las reflexiones y acciones de estos científicos[7] (Layton, 1973; DeBoer, 1991), especialmente las de Thomas Henry Huxley y Herbert Spencer, que publicaron ensayos muy influyentes con relación a la educación científica (Huxley, 1968; Spencer, 1989) donde proponían un doble objetivo para la enseñanza científica: la adquisición de conocimientos útiles y prácticos, y el desarrollo de las facultades intelectuales más estrechamente relacionadas con el razonamiento científico.

Huxley consideraba que el mero hecho de que la ciencia hubiera contribuido enormemente a la comprensión del mundo era suficiente para justificar la presencia en los currículos escolares. Además de eso, también remarcaba la dimensión práctica y más directamente utilitaria del conocimiento científico, de manera que aprender biología tenía que servir para conocer mejor el propio cuerpo y, de esta manera, poder tener un mejor cuidado de la salud. Con relación al desarrollo intelectual, señalaba que la ciencia, y no otros estudios, permitían promover mejor algunas capacidades, sobre todo las relacionadas con la observación y la inducción.[8] Huxley afirmaba que «la gran singularidad de la enseñanza científica, en virtud de la cual no puede ser reemplazada por ninguna otra disciplina, es que pone la mente directamente en contacto con los hechos, y hace practicar el intelecto en los procesos de inducción; es decir, en sacar conclusiones de los hechos que han sido observados directamente de la Naturaleza» (Huxley, 1869, pp. 26-127). El énfasis en el estudio de los fenómenos reales también era defendido por el naturalista Louis Agassiz que proclamó la famosa sentencia: «Study nature, not books!».

Spencer, en su obra *La educación intelectual, moral y física* (1989), proponía una enseñanza para las primeras edades que tenía que priorizar la observación, la experimentación y, por lo tanto, el establecimiento de hechos porque había que «dejar las abstracciones hasta que la mente se haya familiarizado con los hechos de los cuales estas abstracciones se extraen» (Spen-

---

7. Faraday, por ejemplo, organizó desde 1826 unas conferencias dirigidas a la divulgación científica entre los jóvenes. Algunas de estas conferencias fueron posteriormente editadas, como la dedicada a la historia química de las velas publicada recientemente en castellano (Faraday, 2004).

8. En aquel momento predominaba una visión muy inductivista de la ciencia.

cer, 1989, p. 63). En consecuencia, consideraba que ciertas enseñanzas se tenían que posponer hasta un periodo posterior y había que reforzar las prácticas propias de los niños más pequeños, entre los cuales destacaba «el cultivo sistemático de los poderes de la observación [porque] ahora se reconoce como el proceso de adquisición de un conocimiento sobre el cual se basa todo el conocimiento posterior» (Spencer, 1989, p. 64). Por este motivo, era necesario empezar presentando hechos concretos, en lugar de comenzar presentando hechos abstractos. Por lo tanto, Spencer estaba de acuerdo con los que afirmaban que en cada momento la mente infantil está preparada para unas cosas y no para otras, de manera que la gran habilidad de los maestros tenía que ser reconocer qué convenía y era adecuado en cada momento: «Tanto en el orden como en los métodos, la educación se ha de acomodar al proceso natural de la evolución mental; que las facultades se desarrollan espontáneamente según una determinada secuencia, y que cada facultad necesita un determinado tipo de conocimiento durante su desarrollo, y que a nosotros nos corresponde acertar esta secuencia y proveer este conocimiento» (Spencer, 1989, pp. 66-67). Pero más adelante se exclamaba: «Con lo poco que sabemos de psicología y con la ignorancia que tienen nuestros maestros de esta poca cosa, ¿qué posibilidades tiene un sistema que requiere la psicología como base?» (Spencer, 1989, p. 71).

Spencer también criticó la forma en la que en realidad eran impartidas las lecciones de cosas y, como alternativa, proponía seguir las siguientes orientaciones: «Se puede empezar por los hechos menos complejos que se observan en un primer vistazo: en las plantas, los colores, el número y las formas de los pétalos y las formas del tallo y de las hojas; en los insectos, el número de alas, de patas, de antenas y de colores. A medida que estos hechos son observados y apreciados regularmente, se pueden introducir hechos nuevos; en el primer caso, el número de estambres y de pistilos, la forma de las flores, si son de simetría radial o bilateral, la disposición y la tipología de las hojas, si son opuestas o alternas, si son pedunculadas o sésiles, lisas o pilosas, serradas, dentadas o unidas; en el otro, las divisiones del cuerpo, los segmentos del abdomen, los matices de las alas, el número de articulaciones en las patas, y la forma de los órganos más pequeños» (Spencer, 1989, p. 87). En este ejemplo propuesto por Spencer se ve que básicamente lo que pretendía era trabajar la observación y la descripción (con el objetivo de establecer hechos) porque eran las actividades que se consideraban más adecuadas a la edad y a las posibilidades de los niños y niñas.

Ya en estos dos ejemplos se entrevé una preocupación simultánea por introducir tanto los métodos de la ciencia como los conocimientos que ha generado. En la práctica, sin embargo, siempre ha habido un cierto debate sobre la importancia educativa y el valor relativo de los conceptos frente a los procedimientos.

El debate conceptos *versus* procedimientos

El debate conceptos *versus* procedimientos ha sido un debate central en la configuración de la enseñanza de las ciencias. DeBoer (1991) señala que, en realidad, el dilema entre conceptos y procedimientos no es exclusivo de la ciencia. Así por ejemplo, el arte o la música escolares han priorizado normalmente los procedimientos, mientras que la literatura o la historia han priorizado los conocimientos conceptuales. Por el contrario, la ciencia escolar ha sido desde el inicio un caso aparte porque siempre ha considerado que había que tratar ambos aspectos simultáneamente, aunque en la práctica se ha puesto más énfasis en uno o en otro. Tal como afirma Layton (1973, p. 174): «El tema de los contenidos conceptuales o procedimentales, del conocimiento o del método, es un tema recurrente y todavía no bien resuelto en la relativamente corta historia de la enseñanza de las ciencias».

El estudio de Layton muestra cómo ya en el siglo XIX, en Inglaterra, surgió el debate sobre cuál era el principal valor que podía aportar la ciencia. Mientras algunos autores como Richard Dawes consideraban que lo más importante de la ciencia era el conocimiento porque era útil para la comprensión de los fenómenos que afectaban a la vida cotidiana y a la inserción laboral de los niños, otros autores, como por ejemplo John Stevens Henslow, defendían que lo más importante de la ciencia, educativamente hablando, era el método por el cual se adquiría el conocimiento, los aspectos inductivos de la actividad científica, más que las conclusiones. Por este motivo defendía que había que enseñar ciencia no por el conocimiento y la información sino por cómo podía servir al entrenamiento de los poderes de la observación y del razonamiento. Desde este momento inicial, el debate conceptos *versus* procedimientos irá apareciendo periódicamente con un vaivén entre una posición y la otra.

En nuestro país, los manuales de pedagogía de finales del siglo XIX defendían el carácter práctico y útil que tenían que tener las materias en la educación primaria, sobre todo pensando en la inserción laboral de los niños y las niñas, dado que el periodo real de escolarización era muy corto. Sin embargo, desde el Museo Pedagógico Nacional también se defendía que las ciencias tenían interés por ellas mismas, y por eso había que realizar experimentos en el aula relacionados con fenómenos cotidianos (Bernal, 2001).

Ya iniciado el siglo xx, la influencia del movimiento de la Escuela Nueva en los planteamientos de los didactas de nuestro país hizo que, aunque adoptasen un enfoque general más bien disciplinario, también incorporasen el entorno y las habilidades de los niños. Esto se puede constatar en las obras de Modesto Bargalló (1920, 1934) o de Vicente Valls (1932). Valls afirmaba: «En este cuaderno se concede, pues, una mayor importancia e intervención al manualismo y a la matemática. Ambas cosas de acuerdo con lo que exige la naturaleza de las disciplinas fisicoquímicas y el carácter que éstas han de tener en la escuela» (Valls, 1932, p. 5). Y a continuación daba una serie de normas para la intervención en el aula entre las cuales queremos destacar algunas como por ejemplo:

a) La actividad no debe entenderse en un sentido exclusivo de manipulación: en la pedagogía del hacer, en la escuela activa ha de existir una ecuación perfecta entre el hacer con las manos y el hacer con el pensamiento. Construir con cosas y con ideas: crear [...]; b) el programa ha de ajustarse al desenvolvimiento y evolución de la ciencia [...]; d) toda investigación escolar ha de ajustarse a los métodos científicos (observación y experimentación = experiencia científica). La metodología didáctica es función, y función muy inmediata, de la metodología de la investigación. Ha de partir de las observaciones personales del alumno y del medio en que éste vive [...]; e) el maestro ha de hacer para que el niño haga, *y debe hacer reposadamente; f) debe evitarse el exceso de palabras. Empleemos las palabras precisas para ayudar a los hechos a alumbrar las verdades [...].*
(Valls, 1932, pp. 5-6. El texto en redonda es del autor)

Como es propio del momento, Valls adopta una concepción empirista e inductivista de la actividad científica pero se observa un interés en incorporar la metodología de la ciencia en la ciencia escolar.

Hacer eso tenía como consecuencia inmediata la necesidad de incorporar actividades de carácter experimental. Se trata de una constante en las recomendaciones didácticas de principios de siglo, y se publicaron muchas obras con la intención de servir de formación científica para los maestros de primaria. Es el caso de las obras ya citadas de Valls (1932) y de Bargalló (1920, 1934), del completísimo manual didáctico de Margarida Comas (1937) o de algunas obras de Rosa Sensat (1923). Es un ejercicio muy interesante consultar estas obras porque son una muy buena fuente para reconstruir la historia de los experimentos escolares en nuestro país. Si se les echa un vistazo rápido se podrá ver que, en buena parte, hay los mismos ejemplos de experiencias que todavía se proponen hoy en día en los libros de texto o en los libros de recopilaciones de experimentos escolares.

Cuando se trataba de realizar actividades en el aula, en un principio se recomendaba que fuera el maestro el que realizara las demostraciones experimentales mientras los alumnos observaban y tomaban nota (Bernal, 2001). Posteriormente, se admitió que el alumno tenía que participar de manera activa, y por este motivo el maestro proponía la experiencia y daba las instrucciones detalladas en un guión que los alumnos repetían paso a paso. Éste era el máximo grado de autonomía que aparecía en los materiales editados. Normalmente se trataba de hacer comprobaciones empíricas de un principio o ley previamente enunciada, de manera que los alumnos obtenían básicamente habilidades manipulativas que, de hecho, era el objetivo que se perseguía. Este carácter demostrativo y/o manipulativo de la experimentación hoy en día todavía predomina en muchas de las aulas de primaria de nuestro país en las que se incorpora la experimentación, de manera que es una concepción bien arraigada entre los docentes.

Si damos un salto en el tiempo y nos situamos en los años sesenta-setenta, las propuestas curriculares que aparecieron en los países anglosajones, como por ejemplo el SAPA (*Science-A Process Approach*) de la American Association for the Advancement of Science, insistía en la importancia de los procedimientos por encima de los contenidos y, en cambio, otros proyectos de la misma época, como el famoso proyecto norteamericano SCIS (*Science Curriculum Improvement Study*),[9] adoptaban planteamientos más equilibrados.

---

9. El SCIS inspiró el proyecto Ciencias 6-12 en Cataluña a mediados de la década de los ochenta.

El énfasis en los procedimientos dio lugar al desarrollo de propuestas metodológicas basadas en la idea de aprendizaje por descubrimiento y, probablemente, condujo a una sobrevaloración de la actividad manipulativa (*hands-on*) en detrimento de la construcción conceptual, lo cual también ha conducido al predominio de una concepción empirista y manipulativa de la ciencia entre los docentes, tanto de primaria como de secundaria en que la experimentación, en lugar de la modelización, ocupa el lugar central (Windschitl, 2008).

En esta tradición de atención prioritaria a los procedimientos y, sobre todo, al establecimiento de hechos desde la observación y la experimentación, también podemos ubicar el libro *La enseñanza de las ciencias* de Freinet (1977), autor, por otra parte, muy influyente en la formación de los maestros y en los planteamientos de los movimientos de renovación pedagógica de nuestro país en los años setenta y ochenta. En la citada obra, Freinet cuestionaba los contenidos conceptuales que denominaba «las nociones abstractas de esta enseñanza», y suscribía la idea de que «el método usado ha de ser un mismo método, fundamentado en la observación y la experiencia [...], en la clase y durante el paseo [el maestro] ha de hacer observar y ha de hacer experimentar». Freinet se refería a su método como *método natural de la enseñanza de las ciencias* y consideraba que había que contar con los intereses de los alumnos a partir de las preguntas que éstos se formulaban promovidas por la lectura de un texto libre, de un hecho fortuito, de una caja de preguntas, de una conversación, de una investigación sistemática de temas, etc. Sin embargo, no se planteaba la investigación auténticamente científica del fenómeno como una posibilidad de responder al interés y la curiosidad de los alumnos, tampoco hacía ninguna referencia al papel del conocimiento científico propio de los niños,[10] y asumía que la observación y la experimentación conducirían directamente y sin dificultades al aprendizaje de los contenidos conceptuales.

Freinet muestra una concepción de la ciencia claramente inductivista: «La *primera etapa* del conocimiento científico es la observación» (Freinet, 1977, p. 58). Y dirigida a la obtención de hechos: «Observar es una etapa: la observación suscita sólo los problemas. Hay que recorrer a la experimentación que nos aportará

---

10. Hay que tener en cuenta que la investigación sobre el conocimiento científico de los alumnos se inició muy a finales de la década de los setenta pero, sobre todo, en los ochenta y posteriormente.

respuestas. La experiencia es una observación provocada. Para ver qué harán o en qué se convertirán, pondremos los huevos de rana o de salamandra en el acuario, la judía en un tarro, los ratoncitos blancos dentro de una caja» (Freinet, 1977, p. 59). Por lo tanto, nos encontramos con un modelo de enseñanza de las ciencias centrado en el establecimiento de hechos y no tanto en el ejercicio, también *natural* en la ciencia y en el razonamiento infantil, de intentar explicar estos hechos inventado modelos y conceptos teóricos.

En la actualidad, el debate sobre la dicotomía entre procedimientos y conceptos se considera simplificador, parcial y producido por una visión muy pobre de la actividad científica (Harlen, 1998; Izquierdo y Aliberas, 2004; NRC, 2007; Pujol, 2003). Todos los expertos reconocen el papel central que en la ciencia experta tienen las teorías y se reclama que, en la ciencia escolar, la construcción teórica también ha de tener un papel clave (Duschl, 1997; Izquierdo y otros, 1999*a*). Si consideramos que la ciencia no es solamente establecer hechos a través de la observación y la experimentación sino intentar explicar estos hechos, entonces es evidente que un modelo manipulativo, exclusivamente *hand-on*, no es el adecuado.

El reto de alcanzar el doble objetivo de comprender los modelos teóricos de la ciencia experta, por un lado, y de comprender los procesos por los cuales se construye el conocimiento científico, por el otro, es extraordinariamente difícil y, probablemente, no sepamos todavía suficientemente bien cómo conseguirlo. No en vano, Layton afirmaba que durante buena parte de la historia de la enseñanza de las ciencias el problema de «reconciliar estos dos objetivos ha sido claramente subestimado» (Layton, 1973, p. 177).

El *nature study*

Dedicamos un breve espacio al *nature study* porque fue un movimiento interesante e influyente que defendía la importancia de que los niños tuvieran una amplia comprensión de su entorno natural, lo cual debía conducirlos a mantener actitudes positivas hacia el medio. En cierta manera es un precedente remoto de aquellos primeros modelos y equipamientos de educación ambiental que pretendían acercar la naturaleza a los niños, y también podría considerarse en parte un precedente de lo que algunos llaman *pedagogía verde* (Freire, 2011).

El *nature study* aparece originalmente en la década de los ochenta en Estados Unidos y, de acuerdo con las orientaciones del naturalista Louis Agassiz, defendía el papel clave de la observación de los fenómenos reales en oposición a una enseñanza más libresca. Agassiz afirmaba: «Id a la naturaleza, tomad los hechos en vuestras manos; observad por vosotros mismos [...] el libro de la naturaleza está siempre abierto [...]. Si consigo enseñaros a observar, mi objetivo se habrá alcanzado». Sus principales promotores fueron Liberty Hyde Bailey y Anna Botsford Comstock. El primero publicó *The nature-study idea, being an interpretation of the new school movement to put the child in sympathy with nature* (1903), mientras que Comstock publicó *Handbook of nature study* (1911), que hasta hace bien poco aún se reeditaba.[11]

Como ya se ha dicho, el *nature study* perseguía un objetivo muy claro: promover el interés de los alumnos por su entorno natural y enseñarles a querer la naturaleza priorizando los temas relacionados con la historia natural. Sobre todo, apelaba a la apreciación estética del medio (Barberà, 2004) pero también se consideraba que podía contribuir a otros objetivos como por ejemplo, «cultivar los poderes de una observación cuidadosa y construir conocimiento a partir de ello, [el *nature study*] da al niño un conocimiento práctico y útil, cultiva su imaginación y una percepción sobre lo que es verdad y la capacidad de expresarlo, cultiva en el niño un amor a la belleza pero, sobre todo, da al niño un sentimiento de compañerismo con los seres vivos de su entorno y un permanente amor a la naturaleza» (Botsford Comstock, 1911).

Uno de los recursos metodológicos que el nature study situaba en primer plano era el aprovechamiento de las plantas y animales del medio natural cercano. Esto condujo a la necesidad de elaborar orientaciones para los maestros para que pudieran conocer la flora y la fauna de su territorio y para conocer formas de cultivar plantas y de criar animales usando terrarios y acuarios.

De Estados Unidos, el *nature study* se difundió rápidamente hacia Reino Unido, y allí lo conocieron muchos maestros de nuestro país, entre ellos Margarida Comas (Bernal y Comas, 2001). Comas compartía la idea de que era necesario promover el afecto por la naturaleza pero, por el contrario, también consi-

---

11. Algunas ediciones de estos libros se pueden obtener en Internet.

deraba que había que investigar los fenómenos más comunes y los grandes principios científicos que les servían de base. Daba una orientación más científica al *nature study*, lo cual está mucho más en la línea del pensamiento didáctico actual.

Aprender a investigar e investigar para comprender

En la presentación ya hacíamos referencia al lema de «aprender a investigar»[12] (y así aprender a hacer ciencia y aprender sobre la ciencia) e investigar para comprender (y así adquirir conocimiento científico). Este lema reúne, en lugar de separar, tanto el conocimiento como los métodos de la ciencia, tal y como se defiende en la actualidad desde la didáctica de las ciencias.

A pesar de que la concreción de las consecuencias de este lema con relación a la acción docente ha ido variando, lo cierto es que la idea de que los niños y niñas pueden (y deben) investigar por ellos mismos no es nueva, y tiene precedentes en las aportaciones de algunos pedagogos de principios del siglo xx. Aquí destacaremos las aportaciones de Dewey.

En su obra *How we think* de 1910, Dewey afirmaba: «la actitud natural de los niños, marcada por una gran curiosidad, una fértil imaginación y un amor por la investigación experimental, es cercana a la actitud de la mente científica» (Dewey, 2007). Dewey consideraba que la escuela tenía que contribuir a desarrollar en los niños su capacidad de investigación y de pensamiento reflexivo, y por este motivo describía cinco etapas que, ordenadas de manera secuencial, serían:

1. Considerar una situación como problemática.
2. Definir de manera concreta y precisa el problema, yendo más allá de las formulaciones inmediatas y rápidas e intentando contextualizarlo.
3. Formular posibles soluciones o hipótesis.

---

12. Véase el capítulo 2 para captar el sentido que damos al término «investigar» en este libro.

4. Reflexionar de manera esmerada sobre los posibles resultados de las diferentes soluciones o hipótesis y, a partir de aquí, escoger una y elaborar un plan de acción.

5. Realizar el plan de acción, es decir, las observaciones y/o los experimentos que fueran necesarios para poner a prueba la solución o hipótesis y que tenían que conducir a su aceptación o rechazo.

Estamos ante un planteamiento más hipotético-deductivo de la actividad científica (y de la actividad científica escolar) en que las ideas (hipótesis) ocupan un lugar central y guían la acción. Este modelo contrasta con los modelos que hemos visto anteriormente, que tenían un carácter más inductivista.

Dewey planteaba un *método de problemas* que hacía hincapié en la actividad del niño a través de la investigación y la búsqueda activa de lo desconocido (*learning by doing*, 'aprender haciendo') y no en la asimilación pasiva de hechos y conocimientos. Proponía que los problemas planteados en la escuela estuvieran integrados en la vida de los alumnos y que éstos los reconocieran como tales. Por eso sugería que el maestro, como persona con más experiencia, fuera quien propusiera los problemas.[13]

El método de problemas fue una de las aportaciones pedagógicas importantes de Dewey, y de este principio se derivaron diversas propuestas metodológicas, una de las cuales fue el denominado *método de proyectos* planteado por William H. Kilpatrick, colega y colaborador de Dewey, y que la expuso en la obra *The project method* (1918). Posteriormente, aparecieron otras obras sobre el método de proyectos como por ejemplo, *The project method of teaching* (1921) de J.A. Stevenson, donde se afirmaba que «[se trata] de una situación problemática que implica procesos de razonamiento más que procesos de memorización de información: [se trata de] recalcar la naturaleza problemática de la situación más que la adquisición de principios preestablecidos; [se trata] de problemas en un contexto natural y no en un contexto artificial».

---

13. Teniendo en cuenta que Dewey consideraba muy importante el tránsito entre la escuela y la familia, proponía que los contenidos del programa de los más pequeños derivasen de las necesidades básicas como la alimentación, el vestido y la vivienda.

El método de proyectos se difundió rápidamente y fue adoptando formas ligeramente diferentes a medida que diversos autores hacían sus propias lecturas y aportaciones. En nuestro país se difundió a principios del siglo xx a través de diversas obras publicadas por la *Revista de Pedagogía*, entre las cuales destacan las de Fernando Sáinz (1933) y Margarida Comas (1931). Con relación a la selección de los proyectos, Comas señalaba: «El problema radica en sugerir aquellos [proyectos] que favorecen su [de los alumnos] desarrollo físico, intelectual y moral, y escalonarlos de manera que incluyan, no sólo todas las ramas del vigente plan de estudios, sino los puntos esenciales de cada una de ellas» (Comas, 1931, p. 6). Más adelante incluye una cita de W.W. Charters en la que señala que: «El maestro ha de decidir los principios y los procesos que los alumnos han de dominar, y a partir de ellos (y de los medios que tenga) seleccionar, no simples proyectos, sino grupos de proyectos, dispuestos de tal manera que sea posible elegir con seguridad que todos los hechos esenciales, principios y procesos entren en su desarrollo» (Comas, 1931, p. 9). Vale la pena tener en cuenta estas indicaciones porque lo que en la escuela actual se denomina trabajo por proyectos está, en la mayoría de las veces, lejos de seguirlas. Hoy en día, es habitual sustituir el componente investigador y de resolución de problemas por una simple búsqueda de información bibliográfica, y el trabajo por proyectos se usa más como un complemento lateral que como núcleo estructurador del proyecto curricular. Viendo esta realidad en la aplicación del método de proyectos, quizá habría que reclamar una relectura urgente de las obras originales.

En nuestro país, quizá fue Margarida Comas (Alaior 1892-Exeter 1973) quien defendió más claramente la importancia de la investigación en la enseñanza de las ciencias de los niños y niñas. Comas combinaba una formación científica (hizo una tesis doctoral sobre biología en París) y una amplia formación pedagógica (estudió magisterio en la Escuela Normal de Palma, se tituló en la Escuela de Estudios Superiores de Magisterio de Madrid y trabajó como profesora de ciencias en diversas escuelas normales).

Comas afirmaba que, si se quería que los alumnos tuvieran el papel de investigadores, no era suficiente con que hicieran algunas experiencias previamente preparadas en que sólo realizaban tareas instrumentales sino que había que proponerles actividades en las que trabajaran y pensaran como los científicos. Comas (1937) ya consideraba que toda la metodología que se propusiera para la enseñanza de las ciencias estaría siempre condicionada por las finalidades que se persiguieran, por las habilidades que tuvieran los niños, y por la manera de ser de la propia ciencia. Con relación a las finalidades, Comas elaboro un hilo argumental que todavía hoy se puede considerar vigente. Decía: «Indudablemente, es interesante que el niño conozca el mundo que le rodea, sepa los nombres y propiedades de los seres con los cuales está más o menos relacionado; si este concepto que podemos llamar utilitario es el que prevalece, tendremos que procurar, dado que el periodo escolar es mucho más corto comparado con la vida entera, suministrar estos conocimientos, que abarcan un gran campo, en la mayor cantidad posible, imponiéndose como consecuencia el estudio del libro, y todos aquellos medios susceptibles de ahorrar tiempo y aumentar el contenido. Si, por el contario, sin desconocer el valor del saber concreto, pensamos que siendo éste forzosamente escaso, y nunca completamente adecuado a las necesidades futuras [...] es mejor preparación para la vida despertar en ellos la afición por la naturaleza, enseñando, al mismo tiempo, dónde y cómo pueden adquirirse los conocimientos que en un momento determinado se quieran, los libros pasarán a un segundo plano y la *adquisición de datos de primera mano, la observación, la experimentación, las excursiones* ocuparán el preferente» (Comas, 1937, pp. 161-162. La cursiva es del autor).

Como se desprende de la cita anterior, Comas, sin subestimar la importancia del conocimiento, opta por la investigación de los alumnos como estrategia general de la ciencia en la escuela y por este motivo más adelante describe las etapas sucesivas que, según ella, configuran los métodos propios de las ciencias naturales y que son: «La *observación*, que es el punto de partida de todas las ciencias experimentales; la *hipótesis*, pues después de comprobar los hechos empieza su explicación [...] ya que toda inducción es una hipótesis en tanto que no es comprobada o destruida por la experimentación; la *experimentación*, que es la que hace aparecer la verdad o la falsedad de las hipótesis [...], pues la diferencia esencial entre la observación y la experimentación es la existencia o la ausencia de una idea explicativa preconcebida en el espíritu del investigador; y la *ley*, el paso de los hechos a las leyes o las hipótesis, que se hace mediante un proceso que puede comprender tres formas de inferencia: de lo particular a lo particular (razonamiento analógico), de lo particular a lo general (razonamiento inductivo), y de lo general a lo particular (razonamiento deductivo)» (Comas, 1937, pp. 169-171). A pesar de que en la actualidad disponemos de una visión de la ciencia que en muchos aspectos difiere de lo que expone Comas (Izquierdo y Aliberas, 2004), lo cierto es que es muy destacable el enfoque didáctico de Comas, sobre todo el hecho de plantearse la naturaleza de la ciencia y la comprensión de los procesos de aprendizaje infantil como referentes básicos de las decisiones metodológicas referidas a la enseñanza de las ciencias. Estos dos referentes son fruto de las aportaciones teóricas y empíricas de diversas disciplinas (como veremos a lo largo del libro), mientras que el tercer referente que se plantea Comas, las finalidades, tiene un carácter más ideológico y político. En cualquier caso, la figura de Comas (y de otros como Sensat, Valls, Bargalló, Rioja, etc.) pone claramente de manifiesto que la didáctica de las ciencias estaba perfectamente activa en nuestro país desde principios del siglo xx y hasta el franquismo.

Desarrollar la competencia científica

Desde hace un tiempo, los currículos han incorporado el concepto de *competencia* en sus finalidades y, con relación a la educación científica, ha aparecido el concepto de *competencia científica*. El establecimiento del principio de comprensividad, el alargamiento de la enseñanza obligatoria, el valor social, cultural y económico de la ciencia, la influencia que ésta tiene en nuestra vida cotidiana, todo en conjunto ha conducido hacia esta dirección sin que esto signifique que se trate de una finalidad absolutamente diferente a las anteriores.

En nuestro país, la idea de *competencia científica* es introducida en la nueva ordenación curricular derivada de la LOE (BOE, 2006) como una de las ocho competencias básicas que se proponen, y se identifica como *competencia en el conocimiento y la interacción con el mundo físico*[14] (Cañas, Martín-Díaz y Nieda, 2007). ¿Qué significado se da a la competencia científica en nuestro currículo?

Tomando como referente el Real Decreto 1553/2006 de Enseñanzas Mínimas de la Educación Primaria (BOE, 2006), la competencia científica se define como: «El desarrollo y la aplicación del pensamiento científico-técnico para interpretar la información que se recibe, y para predecir y tomar decisiones con iniciativa y autonomía personal en un mundo en que los avances que se van produciendo en los ámbitos científico y tecnológico tienen una influencia decisiva en la vida personal, la sociedad y el mundo natural. Asimismo, implica la diferenciación y va-

---

14. Para abreviar usaremos el término «competencia científica».

loración del conocimiento científico al lado de otras formas de conocimiento y la utilización de valores y criterios éticos asociados a la ciencia y al desarrollo tecnológico».

Más adelante, el mismo documento concreta un poco más y considera que la competencia científica incorpora «la aplicación de algunas nociones, conceptos científicos y técnicos, y de teorías científicas básicas previamente comprendidas. Esto implica la habilidad progresiva para poner en práctica los procesos y actitudes propios del análisis sistemático de la realidad y de indagación científica: identificar y plantear problemas relevantes; realizar observaciones directas e indirectas con conciencia del marco teórico o interpretativo que las dirige; formular preguntas; localizar, obtener, analizar y representar información cualitativa y cuantitativa; plantear y contrastar soluciones tentativas o hipótesis; realizar predicciones e inferencias de diferente nivel de complejidad; e identificar el conocimiento disponible, teórico y empírico, necesario para responder preguntas científicas, y para obtener, interpretar, evaluar y comunicar conclusiones en diversos contextos (académico, personal y social). También significa reconocer la naturaleza, fortalezas y límites de la actividad investigadora como construcción social del conocimiento a lo largo de la historia». Sumada a estas capacidades que aparecen en el BOE, el currículo de Cataluña añade otra que queremos destacar porque introduce explícitamente la idea de modelo que es de absoluta actualidad en el debate didáctico actual: «[...] Explicar los fenómenos con la ayuda de modelos, verificar la coherencia entre las observaciones y la explicación dada, y expresarla utilizando diferentes canales comunicativos» (DOGC, 2007).

Esta concreción de la competencia científica está plenamente en sintonía con lo que plantea el reciente informe *Taking science to school, learning and teaching science in grades K-8* (NRC, 2007). Este informe propone que la competencia científica implica el desarrollo progresivo de cuatro conjuntos de habilidades (cuadro 2).

En ambos casos se desprende una visión sobre las capacidades de los niños y niñas mucho más amplia y sofisticada que no la que ha dominado el pensamiento didáctico durante tantos años, y una visión de la ciencia mucho más compleja, en que la actividad científica no es un simple proceso de inducción o de deducción sino que comporta una interacción compleja entre la obtención de datos, el establecimiento de hechos, la generación de modelos explicativos, la evaluación, etc. (véase el capítulo 2, p. 37)

Cuadro 2. Descripción de la competencia científica según el informe *Taking science to school* (NRC, 2007)

Conocer, usar e interpretar las explicaciones científicas sobre los sistemas naturales.	Implica aprender los hechos, conceptos y modelos básicos de la cultura científica actual y ser capaz de usarlos de manera productiva en la interpretación, construcción y refinamiento de explicaciones, argumentos y modelos.
Generar y evaluar evidencias y explicaciones científicas.	Supone disponer de los conocimientos y habilidades necesarias para construir y revisar modelos teóricos basados en evidencias, diseñar y analizar investigaciones, así como usar evidencia empírica para construir y defender argumentos.
Comprender la naturaleza y el desarrollo del conocimiento científico.	Implica que los alumnos han de comprender la ciencia como una forma de conocer, con sus propias fuentes, reglas, procesos, valores y limitaciones. Adquirir esta capacidad les ha de permitir reconocer que el conocimiento científico es provisional y se puede revisar según nuevas evidencias o nuevos modelos teóricos de interpretación de las evidencias, igualmente han de llegar a reconocer que puede haber múltiples explicaciones de un mismo fenómeno, y que las explicaciones científicas no son ciertas o falsas, sino adecuadas o inadecuadas según estén de acuerdo con más evidencias y tengan más capacidad explicativa y predictiva.
Mantener una actitud continuada de interés hacia la ciencia y las novedades científicas.	Supone mantener una actitud que les permita aprender ciencias a lo largo de toda la vida y en diferentes contextos, y que les permita participar de forma productiva, opinando de manera científicamente fundamentada en los problemas y debates en los cuales sea útil movilizar el conocimiento científico.

En estos momentos nadie duda de la importancia que tiene la educación primaria en el proceso de adquisición de la competencia científica y así queda subrayado en diversos documentos internacionales publicados en los últimos diez años (NRC, 2000, 2007; Rocard, 2007) y también, en nuestro país, en el reciente Informe ENCIENDE (COSCE, 2011). Todos estos informes coinciden en considerar que la adquisición de la competencia científica comporta implicar a los alumnos desde muy pequeños en procesos de investigación que impliquen comprender y usar el máximo de procesos propios de la práctica científica autentica, tanto en lo que se refiere a la generación de datos y el establecimiento de hechos como en cuanto a la generación de ideas y modelos que sirvan para explicar los hechos establecidos. Además, suponen que la adopción de la investigación como estrategia metodológica también ayudará a los niños y niñas a mejorar su comprensión sobre la naturaleza de la actividad científica, sobre todo si este aspecto (la naturaleza de la ciencia) es tratado de manera explícita en el aula. Por eso se habla de la necesidad de impulsar en la educación primaria el uso de estrategias de aprendizaje a través de la investigación IBSE (*inquiry-based science education*), propuesta que, a un nivel general de formulación, no es nueva en la historia de la enseñanza de las ciencias pero que en su concreción actual, tal como se mostrará en los próximos capítulos, sí que difiere en muchos aspectos de la mayoría de presupuestos de autores como Freinet, Dewey o Comas.

Que se puede aprender ciencias a través de implicar a los alumnos de educación primaria en procesos de investigación nos lo ponen claramente de manifiesto las investigaciones recientes procedentes tanto del ámbito de la didáctica de las ciencias como de la psicología cognitiva (Metz, 2004; NRC, 2007; Zimmerman, 2007). No obstante, para muchos maestros esta estrategia didáctica puede suponer un cambio radical tanto en sus concepciones sobre las posibilidades del alumnado de primaria como de lo que tradicionalmente se han considerado prácticas de enseñanza-aprendizaje de las ciencias adecuadas a la etapa. Y éste no es un problema exclusivo de nuestro país sino que también se ha detectado en otros países (Metz, 1995). Esta situación comporta un reto importantísimo para la formación inicial y permanente de los maestros. De ahí nuestro interés por presentar en los próximos capítulos algunos de los nuevos conocimientos que se han ido adquiriendo sobre el aprendizaje de las ciencias de los niños y niñas de primaria, tanto de los conceptos y modelos teóricos de la ciencia experta, como de sus métodos de investigación.

En este capítulo hemos hablado de las tres grandes finalidades que se han atribuido a la enseñanza de las ciencias a lo largo del tiempo:
1. Desarrollar las facultades cognitivas generales de los niños y niñas.
2. Adquirir el conocimiento y los métodos de la ciencia.
3. Desarrollar la competencia científica.

2
Aprender a investigar

Antes de empezar, pensemos un rato...
- ⟷ ¿Cómo explicarías qué es la ciencia?
- ⟷ ¿Qué te parece que hacen los científicos para generar conocimiento científico?

Tal como se ha visto en el capítulo anterior, la nueva ordenación curricular plantea que la enseñanza de las ciencias en la educación primaria ha de contribuir a desarrollar el pensamiento científico de los niños y niñas, y éste es un objetivo actualmente compartido en el currículo científico de muchos otros países (Charpak, Léna y Quéré, 2006; NRC, 2007).

Zimmerman define el pensamiento científico como «la aplicación de los métodos y los principios de la investigación científica al razonamiento o a la resolución de preguntas o situaciones problemáticas [...] comporta *el uso de las habilidades implicadas en generar, evaluar y revisar evidencias y teorías, así como también la capacidad de reflexionar sobre el proceso de adquisición y revisión de conocimiento*» (Zimmerman, 2007, p. 173. La cursiva es del autor).

Las aportaciones que ha hecho la investigación en los ámbitos de la psicología y de la didáctica en los últimos veinte años, indican que los niños y niñas de 6-12 años tienen más capacidad para el pensamiento científico de lo que normalmente se solía reconocer, y que su desarrollo está muy condicionado por las experiencias educativas (sobre todo las escolares pero no sólo éstas) que cada niño ha tenido desde muy pequeño.

Las habilidades de pensamiento científico no se desarrollan de forma espontánea, de manera que se necesita un proyecto curricular escolar bien articulado para adquirirlas. En este sentido, Pozo señala que la ciencia es una producción cultural relativamente reciente en la historia evolutiva de los humanos, y por eso hay que enseñarla de manera explícita. Dice: «Posiblemente nos encontramos ante un ejemplo característico de las nuevas demandas cognitivas que comporta la sociedad del conocimiento, [que] nos está exigiendo cada vez más incorporar nuevos formatos de representación simbólica que nos permitan, no ya ser mejores consumidores, sino ser buenos productores de símbolos. Pero, para esto, tendremos que conseguir reestructurar las representaciones tan restringidas, que nos proporciona nuestro equipamiento cognitivo de serie» (Pozo, 2001, p. 194). Usando la analogía que utiliza este autor, podemos decir que nuestro sistema cognitivo de serie está configurado para conocer el mundo pero no para conocerlo a la manera de la ciencia, a no ser que hayamos tenido un entrenamiento específico.

En el capítulo anterior también hemos destacado el amplio consenso que existe en señalar la importancia de introducir estrategias metodológicas que impliquen a los alumnos en procesos de investigación auténtica en los que, poco a poco, se les va dando cada vez más autonomía. Esta estrategia se considera la mejor apuesta para adquirir el objetivo final de aprender conocimiento científico, al mismo tiempo que se hace posible aprender a hacer ciencia y aprender sobre la ciencia. En este libro también adoptamos este planteamiento porque buena parte de la evidencia empírica de la que disponemos en estos momentos indica que realmente la introducción de estrategias investigadoras da mejores resultados en la comprensión de contenidos y en la comprensión de la propia actividad científica, que otras metodologías centradas o bien en la transmisión de información o bien en la manipulación.

Usaremos el término «investigación auténtica» para referirnos a aquellas investigaciones en que los alumnos están plenamente implicados y que conducen, por un lado, al establecimiento de hechos a partir de la obtención de datos reales y, por otro, a la construcción de modelos explicativos sobre los hechos obtenidos por parte de los propios niños y niñas. Por lo tanto, la investigación auténtica compromete a los alumnos en el aprendizaje y el uso de una amplia diversidad de procesos propios de la actividad científica.

Es probable que a lo largo de toda la educación primaria tenga que haber muchos momentos dedicados a establecer y acumular hechos pero éstos tendrán que estar siempre complementados con otros momentos, menores pero muy bien pensados, dedicados a explicitar y transformar de manera progresiva los modelos e ideas científicas que los niños y niñas construyen para explicar aquellos hechos. Esto ya nos indica que el aprendizaje de las ciencias, y en esto no es una excepción, es necesariamente un proyecto de escuela que requiere un modelo didáctico y unas finalidades compartidas por todos los maestros y todas las maestras que estén implicados en ello. Por todos estos motivos, dedicamos los siguientes apartados a desarrollar la idea de investigar en el aula.

La ciencia: una actividad que genera conocimiento

Una maestra o un maestro que enseñan ciencia se tendrían que haber hecho alguna vez las preguntas planteadas al inicio del capítulo. El conocimiento sobre la naturaleza de la ciencia –cómo se genera el conocimiento científico, cómo se relaciona la teoría con la evidencia, cómo se planifica una investigación, qué es una hipótesis, qué importancia y qué papel juegan los modelos, etc.– forma parte, junto con otros tipos de conocimientos,[15] de lo que se ha llamado *conocimiento didáctico de los maestros para enseñar ciencias* (Gess-Newsome y Ledereman, 1999). No es suficiente con conocer hechos científicos para enseñar ciencias.

Pararse a pensar sobre la ciencia es importante porque muchos estudios han mostrado que las concepciones que predominan entre los estudiantes de magisterio y entre los maestros en ejercicio están lejos de los modelos epistemológicos actualmente más aceptados (Lederman, 2007; Porlán, 1994). Además, también sabemos que las concepciones que se tienen sobre las ciencias, aunque a menudo no sean explícitas, condicionan de diversas maneras la propia práctica de aula y la selección de los materiales curriculares que se utilizarán (Flick y Lederman, 2006; Martí, 2010*b*). Respecto a los materiales curriculares, hay que decir que la inmensa mayoría de libros de texto para la educación primaria no tienen un planteamiento ni claro ni coherente con relación a cómo implicar a los alumnos en procesos auténticos de investigación, de manera que lo que normalmente acaban consiguiendo es transmitir una visión muy superficial de la actividad científica.

Entonces, ¿qué es la ciencia? El término «ciencia» tiene una doble dimensión. Por un lado, lo podemos usar para referirnos a un cuerpo de conocimientos formado por teorías (teoría atómica de la materia, teoría de la evolución por selección natural, teoría de la tectónica de placas...), que contienen conceptos (molécula, selección natural, enlace químico, peso, placa tectónica, etc.) y hechos (la caída de los cuerpos, las erupciones volcánicas, el registro fósil, etc.). Por otro lado, tam-

---

15. Como por ejemplo, el conocimiento del contenido científico, el conocimiento de los alumnos y sus procesos de aprendizaje, el conocimiento de las diversas orientaciones y estrategias para enseñar ciencias, etc.

bién lo podemos usar para referirnos a los procesos cognitivos (observar, medir, obtener patrones, establecer y evaluar evidencias, analizar datos, proponer modelos explicativos, evaluar teorías, proponer conceptos, etc.) y a las técnicas manipulativas (mirar a través de una lupa, hacer disecciones, dibujar seres vivos, usar aparatos de medida, etc.) que los científicos usan para generar este conocimiento.

Quizá sea esta segunda dimensión la que describe mejor la ciencia porque, en el fondo, la ciencia la podemos definir como una actividad que tiene, como producto final, la generación de conocimiento. Un conocimiento que, además, tendríamos que considerarlo siempre provisional y cambiante (más que definitivo), y adecuado o útil (más que verdadero o falso). En consecuencia, la ciencia es una manera de mirar la realidad que produce conocimiento y nos permite comprenderla e intervenir en ella (Arcà, Guidoni, Mazzoli, 1990; Izquierdo y otros, 1999a; Izquierdo y Aliberas, 2004) y que como tal es una construcción cultural relativamente reciente en la historia de la especie humana (Pozo, 2001).

Si entendemos la ciencia experta básicamente como una actividad, entonces la ciencia escolar también la tendríamos que pensar como una actividad. La ciencia en la escuela no debería ser un conjunto de hechos o conceptos aislados que hay que comprender y saber repetir, ni un conjunto de procedimientos experimentales que hay que reproducir mecánicamente, sino que tendría que ser la introducción de los niños y niñas en una manera singular de plantearse y responder preguntas sobre el mundo que nos rodea.

Igual que la ciencia experta pretende mejorar o profundizar en la comprensión adquirida por la comunidad científica con relación a determinados conjuntos de problemas, también la ciencia escolar ha de perseguir la evolución de la comprensión que los niños y niñas ya tienen desde muy pequeños sobre un determinado conjunto de fenómenos, como por ejemplo la nutrición de una planta, las similitudes entre padres e hijos, la transmisión del sonido, los cambios de estado o las transformaciones químicas. El objetivo de la actividad científica escolar siempre tendría que ser comprender, mientras que observar y experimentar son algunos de los medios que necesitaremos para adquirir este objetivo. Por lo tanto, hacer ciencia en el aula no es sinónimo de hacer observaciones y experimentos, aunque no se puede hacer ciencia en la escuela sin observar y experimentar.

En el esquema del cuadro 3 mostramos esta concepción sobre la ciencia escolar. Los recuadros con fondo negro representan dos elementos fundamentales que enmarcan el trabajo en el aula. Por un lado, tenemos los modelos teóricos de la ciencia que están formados por un conjunto de hechos e ideas científicas clave que constituyen su núcleo central (para una selección de las ideas centrales de la ciencia que se pueden trabajar en primaria se puede consultar NRC, 2011). En consecuencia, según nuestro planteamiento, el conocimiento experto actúa de referencia para los maestros y de horizonte para los alumnos. No es necesario adquirirlo de golpe al finalizar una unidad didáctica sino que hay que distribuirlo a lo largo de todo el proyecto curricular de la escuela.

Por otro lado, tenemos los objetos y fenómenos de la realidad que son la materia primera real para el aprendizaje científico, dado que de su exploración se derivarán las preguntas que guiarán las investigaciones que maestros y alumnos se plantearán. Es aconsejable recordar de nuevo la sentencia de Louis Agassiz: «Study nature, not books!». Porque la ciencia está básicamente en la realidad, no en los libros o entre los expertos (sean maestros o científicos), lo cual no significa que se pueda prescindir de los libros y de los expertos.

Cuadro 3. La ciencia escolar como proceso de evolución de las ideas y habilidades de los niños y niñas

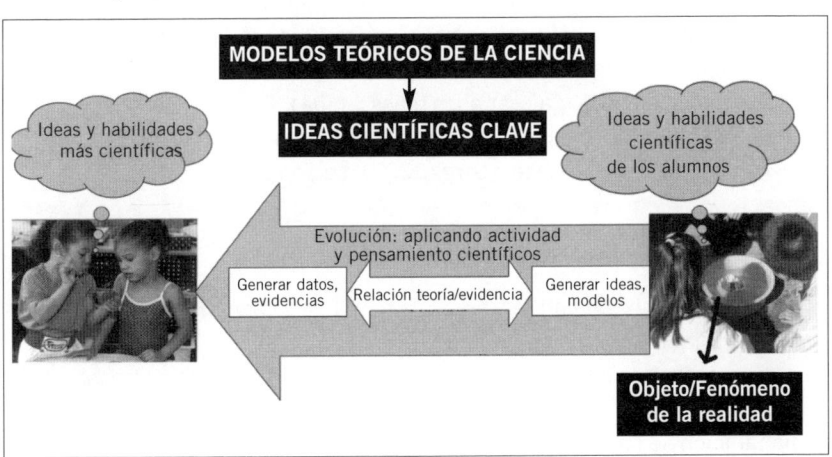

Con fondo gris se identifica el proceso básico del aprendizaje científico según la reflexión que hemos hecho más arriba. Se trata de un proceso que necesariamente ha de partir de las ideas y habilidades científicas que tienen los niños y niñas en un momento determinado, las cuales tendremos que hacer avanzar poco a poco hasta adquirir un segundo estadio en que se puedan considerar más científicas; es decir, que estén basadas en más y mejores evidencias, que sean más coherentes desde un punto de vista lógico y que tengan un alcance explicativo más amplio, lo cual las hará, sin ninguna duda, más cercanas a las de la ciencia experta, aunque estén formuladas de una manera diferente, propia de la historia científica de cada niño o niña. En este sentido, compartimos la idea de Mercè Izquierdo (2005), que plantea que, igual que existe una historia de las ideas científicas, también se puede considerar que hay una historia de las ideas científicas de cada niño o niña.

La evolución de las ideas de los niños y niñas es gradual y lenta, y durante el recorrido es probable que aparezcan, y se mantengan, ciertas concepciones alternativas, fruto del proceso que los niños y niñas hacen para integrar los nuevos hechos y las nuevas informaciones recibidas, con las experiencias y los sistemas conceptuales que ya tenían (Vosniadou, 2008. Véase el capítulo 3, p. 101).

La evolución simultánea de las ideas y habilidades de los alumnos sólo se puede dar si los implicamos en los procesos propios de la actividad científica, junto con la introducción de estrategias para promover sus capacidades metacognitivas. Los recuadros con fondo blanco incluyen los elementos más característicos de la actividad científica, los cuales se muestran de manera más amplia en el cuadro 4 y se describen a lo largo del presente capítulo. Son estos procesos y habilidades los que hemos de enseñar a usar a los niños y niñas. Por este motivo, los maestros tendrán que saber crear situaciones que permitan estimular los tres tipos de conversación que, según Wagensberg (2007), caracterizan la ciencia:

- La *conversación con la realidad*, a través de percibir, observar y experimentar.
- La *conversación con los demás*, a través de la argumentación, la justificación, la descripción, la interpretación.
- La *conversación con uno mismo*, a través de la reflexión personal.

Como también se ha dicho: *hacer, pensar y comunicar* (Pujol, 2003).

Hechas estas consideraciones generales sobre la ciencia escolar, ahora es el momento de adentrarse un poco más en las habilidades que habrá que promover entre los niños, y que conjuntamente configuran la investigación científica. Las mostramos en el cuadro 4.

Cuadro 4. Procesos generales de la actividad científica

INVESTIGAR

DATOS, HECHOS Y EVIDENCIAS
Obtener datos para establecer hechos/evidencias.

← Generar →

IDEAS Y MODELOS TEÓRICOS
Explicar hechos/evidencias.

Planificar y llevar a cabo actividades para obtener datos

Observar (usar aparatos), medir (usar aparatos), hacer cálculos estadísticos, diseñar experimentos con variables, consultar datos.

Desarrollar y usar modelos

Proponer modelos y probarlos, interpretar, explicar y/o justificar evidencias con modelos teóricos, buscar información (consultar ideas), evaluar modelos.

Analizar datos

Ordenar datos, representar datos, identificar patrones, evaluar datos, clasificar, comparar, ordenar.

Preguntar

Comunicar

Evaluar

Construir explicaciones

Formular hipótesis, formular predicciones, proponer mecanismos causales, evaluar explicaciones.

Establecer conclusiones

Extraer conclusiones (establecer hechos o evidencias a partir de unos datos), evaluar las evidencias obtenidas.

Argumentar a partir de la evidencia

Argumentar a partir de la evidencia
Argumentar usando las evidencias como pruebas: evaluar argumentos.

> Curiosidad
para explorar.
> Respeto
por la evidencia.
> Reaccionar
a datos anómalos.
> Ser riguroso.
> Ser conscientes de las limitaciones de la investigación.

> Curiosidad para pensar e imaginar.
> Disposición a cambiar de idea.

Así, podemos considerar que la actividad científica se desarrolla en dos grandes ámbitos (el ámbito de los datos, hechos y evidencias, y el ámbito de las ideas y modelos teóricos) que, aunque son absolutamente interdependientes, comportan la aplicación de procesos cognitivos diferentes. Además, hay tres acciones (preguntar, evaluar y comunicar) que se dan en ambos ámbitos. En consecuencia, podemos distinguir cinco procesos generales propios de la actividad científica:

1. Generar datos/hechos/evidencias.
2. Generar ideas/modelos teóricos.
3. Preguntar.
4. Comunicar.
5. Evaluar.

El ámbito de los datos, los hechos y las evidencias contiene una serie de procesos que, en última instancia, servirán para generar, evaluar y revisar datos, a partir de los cuales se podrán establecer hechos que actuarán como evidencias de ciertos modelos teóricos.

El ámbito de las ideas y modelos teóricos contiene un conjunto de procesos dirigidos de manera general a la generación, evaluación y revisión de explicaciones y modelos teóricos. Ambos ámbitos se relacionan mutuamente porque, en ciencia, las explicaciones deben permitir explicar los hechos obtenidos, y los hechos deben permitir imaginar y sugerir explicaciones. Por este motivo, hemos dicho que ambos ámbitos son diferentes pero interdependientes. Del cuadro también se desprende que las preguntas son el instrumento que nos permitirá movernos de un proceso a otro en un mismo ámbito, o que nos permitirá establecer relaciones entre ambos ámbitos. Igualmente, hay dos acciones, evaluar y comunicar, que se han de tener en cuenta en cualquiera de los dos ámbitos.

A continuación, dedicamos un apartado específico a describir un poco más a fondo tres de estos cinco procesos (preguntar, generar datos/hechos/evidencias, y generar ideas/modelos teóricos y explicaciones), dado que los aspectos referidos a la evaluación y a la comunicación ya quedan incluidos en los apartados anteriores.

Las preguntas

Vale más pregunta en mano
que cien respuestas volando.
(Albert Pla)

Las preguntas son el motor de cualquier investigación científica, porque vehiculan y concretan lo que se quiere hacer o saber en función de los objetivos específicos que se persiguen en un determinado momento del proceso de investigación, ya sea generar datos, evaluar evidencias, interpretar datos, proponer modelos explicativos, evaluar los modelos propuestos, etc. Igualmente, interrogarse sobre el propio conocimiento y sobre los procesos usados para construir conocimiento, es decir, ser capaz de pensar sobre el propio conocimiento (metacognición), se convierte en una habilidad cada vez más imprescindible.

Es a través de las preguntas que nos movemos entre los dos ámbitos (o en el interior de cada uno), que hemos dicho que configuran un proceso de investigación. Por lo tanto, en una secuencia de investigación con los alumnos debería haber una amplia variedad de tipos de preguntas, entendiendo que las preguntas pueden aparecer de maneras diversas en la dinámica de un aula. A veces, serán preguntas que el maestro ha podido planificar previamente y que las formula oralmente, o por escrito, a todo el grupo, a los pequeños grupos, o a cada niño o niña individualmente. Otras veces, serán preguntas que sirven para apoyar lo que los niños y niñas están haciendo en ese momento, que les hacen ir un poco más allá o que les ayudan a regular su proceso de aprendizaje. Ambos tipos de preguntas son importantes pero los maestros no las generan de la misma manera. Las primeras, las que forman parte del diseño de una actividad o de una sesión de clase las han podido planificar con antelación; en cambio, las segundas, las que se formulan de manera más inmediata en función de lo que está pasando en el aula, hay que improvisarlas en aquel momento pero, aunque se improvisen, han de responder al papel que se quiere que tengan las preguntas en el proceso de aprendizaje de los alumnos. Por este motivo es importante pensar qué características han de tener las buenas preguntas en una clase de ciencias.

Formular buenas preguntas no es una tarea fácil, y como en tantos otros aspectos del conocimiento didáctico de los maestros, se aprende pensándolas, dando clase y evaluando su utilidad para el aprendizaje de los alumnos. Lo que es bien seguro es que buena parte de los aprendizajes que se llegarán a adquirir durante un proceso de investigación dependen de la calidad de las preguntas que circulan en el aula, independientemente de quién las formule: ya sea el maestro o los propios alumnos.

Fruto de la importancia que la didáctica de las ciencias otorga a las preguntas, últimamente se han hecho diversas aportaciones muy interesantes sobre el arte de preguntar en el aula (Harlen, 1998; Harlen, Elstgeest y Jelly, 2001; Márquez, Roca y Via, 2003; Márquez y otros, 2004). Partimos de estas aportaciones para identificar cuatro aspectos que consideramos muy importantes en el momento de formular preguntas en el marco de un trabajo de investigación científica con los alumnos (cuadro 5).

Un primer aspecto destacable es que las preguntas han de ser buenas preguntas. Harlen (1998) y Márquez, Roca y Via (2003) han atribuido una serie de características a las buenas preguntas. Una primera característica es que han de tender a ser preguntas *productivas y abiertas*, es decir, preguntas que inviten a proponer diversas respuestas que se pueden poner a prueba –por ejemplo, «¿cómo explicas que se puedan oír los ruidos del pasillo habiendo una pared en medio?»–, en lugar de conducir a una sola respuesta cerrada. Aún así, en algunas ocasiones también serán útiles las preguntas reproductivas y cerradas que conducen a una respuesta única y preestablecida o fácil de dar, sobre todo cuando se quiere remarcar un aspecto que no se puede dejar pasar por alto. Por ejemplo, cuando se quiere que en una observación todos los niños y niñas se fijen en un determinado atributo o característica del objeto o fenómeno: «¿cuántas patas tiene?», «¿de qué color es?», etc.

Cuadro 5. Características que se han de tener en cuenta al formular preguntas

Las preguntas tendrían que:
1. Ser buenas preguntas, es decir:
> Productivas y abiertas.
> Centradas en la persona.
> Formuladas en el momento adecuado y contextualizadas.
> Significativas y que los alumnos las puedan responder.
> Que realmente pregunten lo que se quiere preguntar; es decir, que estén bien formuladas.

2. Contener un número determinado de preguntas investigables.
3. Combinar preguntas de *qué*, *cómo* y *por qué*.
4. Ser preguntas centrales para el modelo teórico que se está trabajando en el aula.

Una segunda característica de las buenas preguntas es que preferiblemente tendrían que formularse *centradas en la persona* y no centradas en el tema. Las preguntas centradas en la persona –como, por ejemplo, «¿qué te parece que necesita una planta para vivir?»– invitan directamente a los niños y niñas a manifestar sus propias ideas. En cambio, las centradas en el tema –como, por ejemplo, «¿qué necesita una planta para vivir?»–, aunque aparentemente iguales, suelen ser recibidas por los alumnos como peticiones de respuestas consideradas correctas. Llegados a este punto querríamos señalar que las preguntas que circulan en el aula serán acogidas de una manera u otra según las normas que gobiernen la dinámica del aula, especialmente con relación a lo que se haya establecido con los alumnos sobre el valor que tiene su conocimiento, respecto el conocimiento experto del maestro o de los libros. Es muy difícil que los alumnos valoren las preguntas abiertas y jueguen al juego que les proponemos si en realidad están acostumbrados a que en el momento de la verdad sólo cuenta como buena una sola respuesta cerrada. Cambiar estos hábitos suele ser complicado y, de nuevo, un proyecto curricular de centro coherente es lo único que ayudará a concretar climas de aula óptimos para la formulación de preguntas y la circulación de ideas, porque saber jugar con las preguntas es un hábito que requiere tiempo.

Una tercera característica importante de las buenas preguntas es que estén formuladas en el *momento adecuado* y estén *contextualizadas*, evitando hacer demasiadas preguntas, no haciendo preguntas sin la presentación de un contexto que enmarque la pregunta, y dando pistas en forma de referencias a marcos teóricos que hay que tener en cuenta para la elaboración de la respuesta: por ejemplo, «pensando que el sonido es una vibración, ¿podrías explicar...?». También es necesario que las preguntas sean significativas para los alumnos y que las puedan responder; es decir, que no sean inabordables, ni demasiado obvias. Por último, también es muy importante que pregunten lo que se quiere preguntar, especificando claramente lo que uno quiere que se haga al responder, ya sea describir, justificar, interpretar, comparar, etc.

Harlen (1998) señala que las preguntas de los alumnos son muy importantes y que es necesario atenderlas siempre porque es la manera que tienen los niños y niñas de manifestar su interés y relacionar unos conocimientos o experiencias con otras. De todas formas, también es necesario ayudarlos a comprender que hay preguntas científicas y las hay que no lo son, y que podemos reconocer las que lo son porque las podemos responder, al menos en parte, investigando la realidad. Es sobre este aspecto que queremos incidir en segundo lugar.

La mayoría de expertos coinciden en subrayar el valor de aquellas preguntas que se han denominado preguntas investigables. Las *preguntas investigables* son todas aquellas que pueden ser respondidas por los propios niños a través del diseño y la realización de un proceso de investigación, ya sea observando o haciendo experimentos. Por lo tanto, no consideramos preguntas investigables aquellas que se pueden responder completamente a partir de lo que ya se sabe o buscando las respuestas en fuentes de información externas.

En muchas prácticas reales de aula se plantean preguntas en que se supone que se compromete a los alumnos a investigar pero en realidad lo que sucede es que se confunde *investigar* con *buscar información*. Esto sucede por ejemplo cuando se dice que los niños y niñas investigan sobre los pingüinos, y lo que hacen es básicamente aportar información. ¡Atención!: buscar información puede (y muy a menudo debe) formar parte de un proceso de investigación, y en la ciencia experta es un procedimiento básico para conocer los datos o las interpretaciones que otros investigadores han generado sobre los fenómenos que se están estudiando. Sin embargo, la investigación escolar no puede reducirse a la búsqueda y la gestión de la información. Desde nuestro punto de vista, se tendría que limitar la búsqueda de información a los momentos en que sea necesario y que pueden ser, en paralelo a lo que pasa en la ciencia experta, cuando los niños y niñas necesitan conocer más datos, o cuando quieren saber otras interpretaciones que se han hecho sobre los problemas que se están investigando. En este sentido, hoy por hoy, la ciencia escolar no dispone de ningún instrumento didáctico que tenga la misma función que las revistas científicas en la ciencia experta.

Regresemos al valor de las preguntas investigables. Cuando aparecen en el aula, los maestros tendrían que procurar no responderlas todavía, aunque conozcan las respuestas, porque se trata de preguntas que por su naturaleza conducen al diseño de acciones y a la aplicación de procesos como observar y experimentar, recoger datos, etc., que es lo que nos interesará promover. El problema es que la mayoría de veces los niños y niñas, y también los adultos, formulan un tipo de preguntas que no podemos considerar directamente preguntas investigables, y que se tendrá que aprender a transformar. En seguida nos fijaremos en un ejemplo de esta situación pero antes hemos de hacer algunas consideraciones generales sobre las preguntas investigables en ciencia.

Genéricamente, en la ciencia experta podemos decir que hay dos grandes tipos de preguntas: las preguntas de *qué* y las preguntas de *cómo*. Las preguntas de *qué* son las que conducen a explicar cómo es un objeto, un material, o un organismo, o cómo tiene lugar un determinado fenómeno. Son preguntas descriptivas y, en una investigación (y en la historia de una disciplina científica), es imprescindible que haya este tipo de preguntas porque son las que permiten establecer cómo son y cómo pasan las cosas. A su vez, las preguntas de *cómo* serían las que conducen a establecer los mecanismos causales que explican un determinado fenómeno o una característica de un material, o las características y conductas de un organismo. Muchas preguntas de *cómo* en realidad comienzan con la interrogación de un *por qué*, ya que en ciencia cuando preguntamos *por qué* nos solemos referir a *cómo* tiene lugar un determinado suceso; es decir, a cuál es el mecanismo que lo provoca, a su causa.

Para el ámbito de la biología, Mayr (1998) considera que hay dos tipos de preguntas de cómo, que él denomina preguntas de *cómo* y preguntas de *por qué*. Para Mayr, en biología, las preguntas de *cómo* son aquellas que apelan a causas inmediatas que se pueden responder a partir de proponer mecanismos bioquímicos o fisiológicos, mientras que las preguntas de *por qué* apelan a causas evolutivas y se pueden responder explicando las ventajas adaptativas de una determinada característica o comportamiento en un organismo. Más adelante veremos un ejemplo. Estas razones evolutivas no se presentan en los fenómenos geológicos, físicos, químicos o astronómicos, de manera que en estos campos no existen preguntas de *por qué* en el sentido que le da Mayr.

Teniendo en cuenta todo esto, vamos al ejemplo que antes habíamos anunciado:

Imaginemos que a diferentes grupos de alumnos se les da tarros para hacer burbujas de jabón y se les pide que hagan burbujas en diversas situaciones que ellos mismos escogen, y que tengan presente anotar las observaciones. También se les pide que todo aquello que les llame la atención lo intenten repetir, de manera que del conjunto de observaciones realizadas puedan extraer algunos hechos. A partir de aquí, se les pide que se hagan preguntas sobre los hechos observados.

En el cuadro 6 (en la página siguiente)[16] se pueden ver algunos ejemplos de los tipos de observaciones y preguntas que aparecen con más frecuencia.

---

16. Los ejemplos del cuadro están extraídos de actividades llevadas a cabo con estudiantes de magisterio pero que fácilmente se podrían reproducir en un aula de primaria con resultados muy similares.

Cuadro 6. Preguntas formuladas a partir de observaciones hechas con burbujas

HECHOS OBSERVADOS	PREGUNTAS
Se ha pegado una burbuja en la mesa. Una burbuja ha rebotado sobre la mesa y después ha explotado.	¿Por qué la burbuja no explota cuando toca la mesa?
El humo se queda dentro de la burbuja.	¿Por qué no explota cuando se introduce el humo dentro de la burbuja?
No todas las veces que soplamos sale la misma cantidad de burbujas.	¿Por qué la cantidad de burbujas siempre varía?
Podemos juntar más de dos burbujas si las acompañamos con una pajilla de beber.	¿Por qué se juntan las burbujas?
Las burbujas son de colores. En las burbujas se reflejan colores. Cuanto más pequeñas son más colores tienen.	¿Por qué las burbujas son de colores?

Como se puede ver, todas las preguntas empiezan con por qué. De hecho es lógico que pase así porque, cuando tenemos una observación clara o un hecho que consideramos constatado, lo que queremos saber es por qué aquello es como es o por qué sucede como sucede, de manera que la mayoría de preguntas que se generan en estas situaciones son preguntas de *cómo*, aunque en la mayoría de casos empiezan con la interrogación *por qué*.

Por ejemplo, en la actividad de las burbujas presentada ya se pretendía eso pero, en otros casos, puede ser que lo que se persiga sea recoger las preguntas de los alumnos y, a menudo, nos encontramos con la misma situación (cuadro 7). ¿Por qué sucede esto? Simplemente, porque los alumnos piensan en hechos que conocen o en observaciones vividas, y que tienen muy claras, aunque frecuentemente se basen en muy pocas experiencias, y formulan de nuevo las preguntas de *cómo* con un *por qué*. Como dice Wagensberg, «*por qué* es la pregunta más flexible cuando no se sabe qué preguntar [...] porque es una pregunta de urgencias» (Wagensberg, 2006, p. 82).

Cuadro 7. Preguntas iniciales sobre el sonido (alumnado de segundo ciclo)

> ¿Por qué un instrumento de música, si lo soplas, hace música?
> ¿Por qué las alas de los pájaros hacen ruido?
> ¿Por qué las clases tan grandes resuenan?
> ¿Por qué cuando la clase está vacía resuena tanto, y llena no resuena tanto?
> ¿Por qué los pájaros hacen un sonido tan agudo?
> ¿Por qué los hilos del techo hacen que no resuene la clase?
> ¿Por qué el sonido puede ser fuerte y flojo?
> ¿Por qué cada uno de los animales hace un sonido concreto?
> ¿Por qué cuando estás en lo alto de una montaña, si hablas, resuena?
> ¿Por qué hay sonidos agudos y sonidos graves?

A veces se ha dicho que hay que transformar algunas de las preguntas de los alumnos (las que empiezan con un por qué) en preguntas investigables. Por ejemplo, cuando los niños y niñas observan que una gota de agua adopta una forma muy esférica cuando la colocan encima de una sartén de teflón, y se preguntan: «¿Por qué tiene esta forma?». Esta pregunta no es investigable porque no conduce a buscar datos sino a proponer mecanismos. Desde la didáctica, normalmente se propone que se ayude a los alumnos a modificar esta pregunta y a cambiarla por otra que sí sea investigable como: «¿Todas las gotas, las pongas donde las pongas, tienen siempre esta forma?». Esta segunda pregunta ciertamente es investigable pero al responderla con un, «no, a veces no queda forma de gota; por ejemplo, cuando la hemos puesto encima del papel o de la ropa», no estoy contestando a la pregunta original, que me pedía un mecanismo causal. Por este motivo, pensamos que todas las preguntas que se pueden considerar científicas –es decir, aquellas que se pueden contestar desde la actividad científica– tienen una función clara en la construcción de conocimiento científico y, por lo tanto, no necesariamente hay que transformarlas.

Desde nuestro punto de vista, es necesario saber situar en cada momento el tipo de pregunta adecuado, en función de lo que en aquel momento nos proponemos hacer en el marco de una cierta investigación. Sí que hay que hacerles darse cuenta a los alumnos de que a menudo saltan demasiado rápido a las preguntas de *cómo* (normalmente, usando un *por qué*) y, quizá, lo que convendría es que se hicieran más preguntas de *qué* para obtener más datos que, seguramente, al final les ayudarán a refinar las preguntas de *por qué*. Y esto nos conduce a la tercera idea que queríamos poner sobre la mesa con relación a las preguntas.

Un proceso de investigación, sea entre expertos o en el aula, se puede concebir también como una sucesión de preguntas referidas a los dos ámbitos que decíamos al inicio –el ámbito de los datos y los hechos, y el ámbito de las explicaciones– y a la relación entre ambos ámbitos. Por esta razón, puede ser útil disponer de estructuras de pregunta para cada una de estas situaciones, como se muestra en el cuadro 8.

Cuadro 8. Ejemplos de preguntas según los ámbitos de la actividad de investigación

PREGUNTAS DEL ÁMBITO DE LOS DATOS, LOS HECHOS Y LAS EVIDENCIAS	PREGUNTAS DEL ÁMBITO DE LAS EXPLICACIONES Y MODELOS TEÓRICOS
> ¿En qué te basas para decir…? > ¿Qué te ha llevado a pensar que…? > ¿Puedes encontrar una manera de…? > ¿Has observado que…? > ¿Es lo mismo X que Y? > ¿Cómo es? > ¿Cómo podrías comprobar esta idea?	> ¿Cómo explicarías que…? > ¿Qué te parece que pasará cuando…? > ¿Cómo podrías usar esta idea para explicar…? > ¿Qué te parece que produce…? > ¿De qué depende que…? > ¿A qué función puede servir…?

La cuarta y última idea sobre la cual queremos insistir en las preguntas es que siempre hay que procurar que estén conectadas a los elementos clave del modelo teórico-científico sobre el cual se está investigando, porque es muy importante que, además de ser motivadoras para el alumnado, sean significativas para el proceso de construcción de conocimiento científico. Por este motivo, es necesario que el maestro sepa redirigir las preguntas de los alumnos hacia aquellos elementos centrales del modelo experto que, poco a poco, se quieren ayudar a construir. De nuevo, se ha de tener en cuenta que esto es un proceso gradual, y que habrá momentos en que este criterio ha de ser más exigente, y otros, en que se podrá ser más flexible. Como ejemplo, veamos el caso de los seres vivos.

Con relación a los problemas biológicos se puede considerar que las preguntas clave tienen relación con la distinción que hemos hecho más arriba sobre preguntas de qué, de cómo y de por qué (según la consideración de Mayr) y, al mismo tiempo, tienen que ver con una serie de conceptos clave: cambio, escala, interacción, composición-estructura, comparación, diversidad, variabilidad y relación entre estructura y función. En los cuadros 9 y 10 mostramos ejemplos de preguntas aplicadas a los seres vivos que siguen estos criterios.

Cuadro 9. Preguntas de *qué*, de *cómo* y de *por qué* en el caso de los seres vivos

EJEMPLO	TIPOS DE PREGUNTA	ACCIONES NECESARIAS PARA RESPONDERLA
Saber cómo es (*qué*)	> ¿Cómo es el pico del ánade real masculino? ¿Y el de la hembra? > ¿De qué color es el macho? ¿Y la hembra? > ¿Cómo tienen las patas?	Todas estas preguntas nos conducen a observar y a describir lo que vemos.
Saber las causas inmediatas (*cómo*)	> ¿Por qué el macho tiene colores y la hembra no?	Nos llevaría a buscar los mecanismos fisiológicos que hacen que las plumas del macho tengan unos pigmentos y las de la hembra no.
Saber las causas evolutivas (*por qué*)	> ¿Por qué el macho tiene colores y la hembra no?	Nos llevaría a buscar las razones que hacen que la selección natural haya mantenido esta diferencia de colores. Quizá tiene relación con el camuflaje.
Saber cómo es (*qué*) Huevos de autillo	> ¿Cuánto mide este huevo? > ¿Qué forma tiene? > ¿De qué color es?	Todas estas preguntas nos conducen a observar y a describir lo que vemos.
Saber las causas inmediatas (*cómo*) Huevo de mirlo	> ¿Por qué hay huevos moteados y otros no?	Nos llevaría a buscar los mecanismos fisiológicos que hacen que la cáscara de los huevos tenga unos colores u otros.
Saber las causas evolutivas (*por qué*)	> ¿Por qué hay huevos moteados y otros no?	Nos llevaría a buscar las razones que hacen que la selección natural haya mantenido la diferencia de colores entre diferentes especies de pájaros. Quizá tiene relación con el camuflaje.

(Fotos: J. Culí)

De los ejemplos del cuadro 9 es aconsejable fijarse en que una misma pregunta −«¿por qué el macho es de color y la hembra no?», o bien, «¿por qué hay huevos moteados y otros no?»− nos lleva, según cómo enfoquemos la respuesta, a dos tipos de explicaciones diferentes para las cuales tendremos que movilizar conceptos y conocimientos diferentes pero, también, procesos de investigación diversos para comprobar las hipótesis formuladas.

En el caso de la pregunta, «¿por qué hay huevos moteados y otros que no los son?»:

◇ Si la queremos responder desde el *cómo*, entonces tendríamos que investigar cuáles son los mecanismos que permiten que la cáscara del huevo adquiera color cuando se forma e, hipotéticamente, podríamos imaginar que existe alguna parte del aparato reproductor de la gallina, que fabrica algún tipo de pigmento que impregna la cáscara. Esto nos llevaría a investigar si esta parte realmente existe.

◇ En cambio, si queremos responder a la pregunta desde el *por qué*, entonces hemos de plantearnos la función adaptativa que puede tener un huevo moteado, y eso nos puede conducir a formular la hipótesis de que este tipo de huevos se camufla mejor y que, por lo tanto, es más difícil verlos. Una manera de poner a prueba esta hipótesis sería poniendo huevos moteados y no moteados en entornos diferentes (en el suelo, sobre la hierba, etc.) y observar cuáles vemos con más o menos facilidad. También podríamos ponerla a prueba observando o buscando información sobre si los pájaros que ponen los huevos directamente en el suelo tienen los huevos moteados y, en cambio, los que construyen nidos tapados, no.

En el cuadro 10, se proponen más ejemplos de preguntas que consideramos que han de orientar el estudio y la comprensión de los seres vivos.

Resumiendo, cuando se quiere investigar con los alumnos un problema científico hay que tener en cuenta que el sentido de la pregunta que se formula es el que determinará los conocimientos y los métodos que se tendrán que utilizar en el desarrollo de la investigación. De aquí la extraordinaria importancia de analizar bien con los alumnos el significado y las demandas de las preguntas.

Hacer conscientes a los niños y niñas de la importancia de las preguntas es uno de los contenidos clave para aprender ciencias y, por este motivo, habría que asegurarse de que, a lo largo del proyecto curricular del área, no sólo aparezcan muchas preguntas sino que haya espacios específicos en los que se pueda reflexionar sobre la idoneidad de cada tipo de pregunta. Sólo cuando los niños y niñas hayan adquirido conciencia y conocimientos sobre el significado de las preguntas en una investigación, podrán utilizarlas correctamente de manera autónoma. Hacer buenas preguntas no es fácil pero se puede aprender, y ésta tendría que ser una prioridad de la formación personal de los maestros.

Cuadro 10. Preguntas derivadas de los conceptos clave para estudiar los seres vivos

CONCEPTO	TIPOS DE PREGUNTAS	EJEMPLOS
Cambio	Preguntas que inciden en el cambio como proceso biológico básico (¿cómo era?, ¿cómo será?, ¿siempre es igual?).	> ¿Siempre es igual la sangre? > ¿Siempre crece igual de rápido una planta? > ¿Dónde pasan el invierno las golondrinas? > ¿Qué le pasa a la galleta que he comido para desayunar?
Escala	Preguntas que hacen saltar de escala, hacia lo más pequeño o hacia lo más grande.	> ¿Qué hay dentro de la hoja? > ¿Qué vería si mirase la sangre con una lupa? > ¿Con quién más vive esta hormiga?
Interacción	Preguntas que permiten construir relaciones entre partes (por ejemplo, entre órganos), entre organismos, o entre un organismo y el medio.	> ¿Con quién se relaciona esta hormiga? > ¿Qué relación hay entre la saliva y las uñas? > ¿Qué toma la planta de su entorno? > ¿Actuarán de forma diferente las dos arañas si las ponemos en un terrario más pequeño?
Composición-Estructura	Preguntas que permiten saber cómo están hechas las cosas que vemos y cómo se organizan las partes para formar estructuras.	> ¿Qué partes de la planta la ayudan a crecer? > ¿De qué está hecha la sangre? > ¿Cómo son las aletas de los peces?
Comparación, diversidad y variabilidad	Preguntas que permiten ver similitudes y diferencias. Remarcar la unidad y la diversidad.	> ¿Todos los animales tienen sangre? > ¿Todos los peces nadan igual? > ¿Se comunican igual los grillos y las hormigas? > ¿Qué tienen en común un grillo y una araña? > ¿Qué distingue estos dos caracoles? > ¿Crecerán igual todas estas semillas de judía?
Relación estructura-función	Preguntas que llevan a investigar la función de una determinada estructura o de un determinado comportamiento.	> ¿Qué función tiene la sangre? > ¿Por qué chillan los arrendajos cuando una persona entra en el bosque? > ¿Cómo está hecha la raíz para que pueda entrar el agua? > ¿Cómo está hecho el tallo para que pueda circular el agua? > ¿Hay alguna relación entre la forma general del pez y la manera en que se mueve?

El ámbito de los datos, los hechos y las evidencias

Ver es abrir la percepción,
mirar es fijar la vista,
observar es recrear la mirada,
experimentar es inventar una observación.
(Jorge Wagensberg)

La actividad científica necesita datos porque la ciencia se basa en que toda explicación científica ha de estar apoyada, tarde o temprano, en evidencias empíricas bien establecidas y ampliamente aceptadas por la comunidad científica. En consecuencia, una parte de la actividad científica se dedica a la obtención de datos que, finalmente, se convertirán en hechos sobre los cuales nos podremos preguntar: *¿por qué?* o *¿cómo es que?* Pero, a veces, la actividad científica va en el sentido contrario y lo que hace es buscar hechos que actúen como pruebas (o evidencias) de las hipótesis o explicaciones planteadas. Sea como sea nos interesa distinguir cuatro conceptos importantes: dato, hecho, evidencia o prueba, y explicación. A continuación, definimos los tres primeros porqués, de la explicación, hablaremos en el apartado siguiente.

1. Un *dato* es la información directa que se obtiene de un proceso de observación o de experimentación y es absolutamente necesario para llegar al conocimiento de alguna cosa. Los datos pueden ser cualitativos o cuantitativos, y son un elemento imprescindible de la actividad científica.

2. Un *hecho* se puede definir como una observación verificable y objetiva, fruto del análisis y/o la transformación de unos datos. Cuando una observación se da de manera repetida en unas determinadas condiciones, entonces nos podemos referir a eso como un hecho.

3. Los hechos se incorporan a las teorías que los explican y es entonces, cuando tenemos una teoría o modelo explicativo disponible para dar cuentas de aquel hecho, que el hecho se convierte en *prueba o evidencia* de la teoría propuesta. Por lo tanto, una *evidencia* (o prueba) es un hecho explicado en el marco de una teoría y que sirve para reforzarla. Veamos todo esto en un caso histórico de la ciencia experta, la propuesta de la hipótesis de la deriva continental que hizo Alfred Wegener a finales de la década de los años diez:

Tuve la primera intuición de la movilidad continental (*hipótesis-explicación*) en 1910, cuando observando un mapamundi me impresionó la coincidencia de las costas en ambas partes del Atlántico (*dato-hecho*) pero, inicialmente, no hice caso de esta idea que me pareció imposible. En el otoño de 1911 conocí, a través de un trabajo de síntesis que me cayó entre las manos por casualidad, los resultados paleontológicos, para mí desconocidos hasta entonces, referentes a las primitivas conexiones continentales entre Brasil y África (*dato-hecho*). Esto me llevó a un examen atento de los resultados de las investigaciones geológicas y paleontológicas (*dato-hecho*) referidas a esta cuestión; investigaciones que me produjeron confirmaciones tan importantes que me hicieron arraigar el convencimiento de que eran básicamente correctas.

Es un hecho singular y característico de hasta qué punto son incompletos nuestros conocimientos actuales, que se llega a resultados completamente contrarios respecto de las condiciones de la Tierra en el pasado, según se aborde el problema a partir de aspectos biológicos o geofísicos. Así, los paleontólogos, los zoólogos y los botánicos llegan una y otra vez a la conclusión de que la mayoría de los continentes hoy separados por amplios océanos tenían que tener en el pasado conexiones terrestres a través de las cuales podían tener lugar, sin impedimentos, intercambios de flora y fauna (*hipótesis-explicación*). Los paleontólogos llegaron a esta conclusión cuando encontraron muchas especies idénticas que, según se podía demostrar, habían vivido en el pasado en ambos lados del océano, y la contemporaneidad de los cuales hacía impensable orígenes separados en lugares diferentes (*dato-hecho*). Al mismo resultado llegan las investigaciones sobre los animales y plantas actuales. El parentesco de flora y fauna actuales lleva a la conclusión de que estas faunas y floras fueron idénticas en el pasado (*dato-hecho*) y, por lo tanto, que tiene que haber un intercambio que sólo se puede imaginar contando con la existencia de una conexión terrestre muy extensa (hipótesis-explicación). Sólo después de la rotura de esta conexión se separaron las floras y las faunas en las especies actuales (*hipótesis-explicación*). Por este motivo no es exagerado decir que el desarrollo global de la vida en la Tierra y las relaciones entre los organismo actuales en continentes muy separados serían siempre un enigma irresoluble si no aceptásemos estas antiguas conexiones terrestres.

Pero hasta aquí se habría admitido como evidente que las masas continentales habrían conservado de manera inmutable su posición relativa a lo largo de la historia de la Tierra, de manera que no queda más solución que aceptar que las conexiones terrestres propuestas, que permitieron los intercambios de flora y fauna, se hundieron bajo el nivel del mar para formar los fondos de los mares intercontinentales profundos (*predicción derivada de la hipótesis*). Sin embargo, los geofísicos opinan que esto es imposible de acuerdo con la teoría de la isostasia (*modelo teórico de referencia*), por lo tanto es imposible interpretar las cuencas marinas actuales como puentes continentales hundidos (*evidencia en base a teoría*). En consecuencia, los geofísicos opinan que los continentes no se han movido nunca (*hipótesis-explicación*) pero se olvidan del postulado sobre antiguas conexiones continentales derivado de la teoría de la propagación de floras y faunas a través de puentes intercontinentales.

Entonces, ¿cuál es la verdad? La Tierra no puede tener más de una cara a la vez. ¿Hubo puentes continentales o bien los continentes siempre estuvieron separados por profundos océanos? Por un lado es imposible rechazar la reivindicación sobre las antiguas conexiones terrestres si no queremos renunciar completamente al desarrollo de la vida en la Tierra. Pero es igualmente imposible rehusar los argumentos con los que los partidarios de la teoría de la permanencia rechazan los puentes intercontinentales hundidos. Evidentemente sólo nos queda una posibilidad: ha de haber algún error oculto en las suposiciones tomadas como evidentes.

Éste es el punto de partida de la teoría movilista o teoría de la deriva. La suposición, tomada como evidente tanto por los estudiosos de la flora y de la fauna como por los geofísicos, de que la posición relativa de los bloques continentales no ha cambiado, ha de ser falsa: los continentes tienen que haberse movido (nueva *hipótesis-explicación*).

Si tomamos la teoría de la deriva como base, podemos satisfacer todos los requisitos legítimos, tanto de la teoría de los puentes continentales —propuesta por los paleontólogos—, como de la teoría de la permanencia —propuesta por los geofísicos— (*hechos que ahora actúan como evidencias para una nueva hipótesis*). Concretamente, significa que hubo conexiones entre los continentes que actualmente están separados pero no por puentes intercontinentales que después se hundieron; y que hay permanencia pero no de cada océano o continente individual sino del área de los continentes y del área de las cuencas marinas en conjunto.

Adaptado del libro de A. Wegener (1983), *El origen de los continentes y océanos,* Madrid, Pirámide.

En el ejemplo anterior se puede ver que no hay una correlación simple entre hechos y explicaciones porque, en ciencia, muy a menudo se da el caso de que un mismo hecho se explica desde diferentes hipótesis teóricas (Duschl, 1997). Es importante darse cuenta de esto porque en el aula también es bueno que circulen diferentes ideas para explicar un mismo hecho si lo que se desea es crear un clima real de investigación. En el desarrollo del argumento que hace el autor se ve cómo vamos de los datos/hechos/evidencias a las hipótesis, y viceversa. Y también se puede ver cómo hay hechos bien establecidos empíricamente o teóricamente, mientras que otros se explican sólo con algunos modelos teóricos porque con otros modelos no quedan explicados.

Desde hace mucho tiempo, buena parte de la actividad científica escolar que se hace en la educación primaria (cuando la hay), se centra sobre todo en el ámbito de los datos y los hechos. Por un lado, esto es lógico y esperable porque para explicar se necesitan hechos y, por lo tanto, hay que tener una amplia base de hechos que permita preguntarse sobre mecanismos y así construir buenas explicaciones. Lo que sucede es que, cuando los niños y niñas están ante un hecho que consideran bien establecido, en seguida se preguntan por qué sucede. Como veremos con más detalle en los capítulos siguientes, los niños y niñas, desde muy pequeños, tienen teorías intuitivas e implícitas que les permiten explicar muchos fenómenos, de manera que, si no se presta atención a cómo construyen sus explicaciones sobre determinados hechos, probablemente lo que pase es que usen su conocimiento intuitivo para responder y, por lo general, éste está lejos de los modelos de la ciencia experta que pretendemos que aprendan.

En consecuencia, a pesar de que es imprescindible que la ciencia genere datos y establezca hechos a través de la propia investigación de los alumnos, también es importante que, paralelamente, se preste atención a cómo los niños y las niñas van progresivamente construyendo explicaciones sobre estos hechos.

Señalado este punto, y clarificado el sentido que damos a los términos «dato», «hecho», «evidencia» y «explicación», además de haber visto las relaciones complejas que se establecen entre ellos, dedicaremos el resto del apartado a hablar de la obtención de datos y el establecimiento de hechos. De acuerdo con lo que hemos ilustrado en el cuadro 4 (p. 43), el ámbito de los datos y hechos se puede articular alrededor de tres grandes procesos: planificar y llevar a cabo acciones para obtener datos, analizar datos y establecer conclusiones. Las dos formas más características de obtener datos son a través de la observación y de la experimentación. De manera que dedicaremos los dos próximos apartados a cada uno de estos procesos, un tercero al análisis de datos y a la extracción de conclusiones, el cuarto a la evaluación y revisión de datos y evidencias, y el quinto y último a resumir las aportaciones de la investigación sobre las habilidades de investigación de los niños y niñas.

Observar

En última instancia, cualquier recogida de datos implica un proceso de observación. No obstante, observar científicamente no es una simple actividad perceptiva sino que es una actividad mental más compleja condicionada por las ideas y las expectativas que tiene quien observa (Pujol, 2003). Como dice la cita de Wagensberg que encabeza el apartado, «observar es recrear la mirada»; es decir, observar es mirar con atención (y con intención).

¿Cómo se pueden plantear las observaciones en la escuela? Muchas veces lo que los maestros hacen es plantear observaciones libres, muy abiertas. Este tipo de observaciones pueden ser muy provechosas si van acompañadas de la demanda de plantearse interrogantes sobre lo observado o de relacionar lo observado con conocimientos que los alumnos ya tenían. Discutir posteriormente con el grupo clase las observaciones hechas y los interrogantes planteados puede conducir a centrar la atención en algún aspecto concreto sobre el cual puede ser que se decida explorar más a fondo. Esta dinámica es muy útil para fenómenos que se dan en periodos de tiempo largos. Por ejemplo, cuando se dispone de un terrario o de un acuario con animales, difícilmente pasarán cosas interesantes el día en que oficialmente decidimos observarlos. Por el contrario, si los niños tienen un lugar donde anotar sus observaciones, ya sea en una libreta de ciencias o en un mural en blanco al lado del terrario o el acuario, en el que cada uno contribuye a lo largo del tiempo, puede ser que al final de un cierto periodo dispongamos de una serie de observaciones que nos permitan generar una investigación más específica (véase el cuadro 10, p. 55).

A pesar de que hablemos de observación libre, hemos de tener en cuenta que una observación nunca es completamente objetiva y, aunque una observación libre permite a los alumnos actuar de manera más espontánea, normalmente se fijarán más en aquello que es relevante desde su propio conocimiento, que no tiene por qué coincidir con lo que es importante desde el punto de vista científico. Por este motivo, se ha afirmado que «si se observa sin un marco de referencia establecido, es difícil reconocer las variables más significativas desde el punto de vista científico, y es fácil fijarse en aspectos irrelevantes para la construcción de pensamiento científico» (Pujol, 2003, p. 121). Así pues, la observación libre tiene ventajas pero también tiene inconvenientes.

En otros momentos, la observación será consecuencia de querer comprobar una predicción que deriva de una hipótesis. En este caso, la observación tiene la finalidad de comprobar; es decir, de convertir el hecho obtenido en evidencia o prueba, a favor o en contra de nuestra hipótesis. En estos casos la observación tendrá que ser más guiada y habrá que determinar unas pautas de observación que, tanto si las propone el maestro como los propios alumnos, servirán para decidir qué observar y cómo observarlo, y serán consecuencia de la predicción que se haya formulado. Así por ejemplo, se puede comprobar empíricamente que «las hormigas reclutan más individuos cuando la comida que han de transportar pesa más», observando qué sucede con el número de hormigas que transportan la comida cuando, ante un hormiguero, colocamos dos fragmentos de comida de diferentes pesos.

En otros casos, en que no necesariamente estamos poniendo a prueba una hipótesis sino que queremos describir una determinada entidad o un determinado fenómeno, las pautas sobre qué observar vendrán dadas por las preguntas que nos hacemos y que serán siempre preguntas del tipo *qué*. Por ejemplo: «¿qué color tiene?, ¿qué forma tiene?, ¿cuántas semillas hay en esta fruta?, ¿cuántas patas tiene este insecto?, ¿es flexible o rígido este material?», etc.

En algunas ocasiones, los datos que se quieren recoger a través de una observación requerirán saber cómo observar, y por eso los maestros tendrán que proporcionar a los alumnos algunas técnicas de observación. En el cuadro 11 se muestra un ejemplo de técnicas de observación relacionadas con la investigación del comportamiento de los pequeños animales invertebrados del patio de la escuela o del terrario del aula (Dawkins, 2007; Del-Claro, 2010).

Cuadro 11. Técnicas de observación y registro del comportamiento animal

Imaginemos que tenemos grillos en el terrario de la clase y queremos saber cosas con relación a cómo ocupan el espacio y cómo se comportan. Hay dos técnicas de recogida de datos que nos pueden ayudar.

1. Construcción de un etograma
Un etograma es el registro del comportamiento de un animal, o grupo de animales, en un intervalo de tiempo determinado. Para hacerlo, primero hay que establecer una serie de categorías de observación de la conducta de los animales que estamos estudiamos (come, descansa, camina, explora, etc.). Con estas categorías bien claras lo que se necesita hacer es un registro de las veces que cada una de ellas aparece en un cierto intervalo de tiempo.

2. Muestreo de ocupación del espacio
En este caso se trata de una técnica que se puede usar siempre que se quiera estudiar la ocupación del espacio de un animal o grupo de animales. Hay que disponer de un plano o croquis del espacio que ocupan los animales (terrario, aire libre). Sobre el plano se marca la posición de cada individuo a intervalos de tiempo de, por ejemplo, 2'.

En ambos casos puede ser útil marcar los animales de alguna manera (sin hacerles daño ni ponerlos en peligro) con el fin de facilitar su identificación.

Los niños y niñas suelen observar y explicar a la vez. Esto sucede a menudo, aunque no exclusivamente, cuando observan el comportamiento de organismos vivos.

Por ejemplo, cuando un niño dice que «la hormiga hace días que esta quieta porque está sola y triste», pero también sería el caso, cuando una niña dice que «el globo está inflado porque el aire hace presión». En ambos casos, hasta justo antes de *porque*, lo que los niños hacen es enunciar una observación pero detrás de *porque* infieren, es decir, sacan una consecuencia de la observación. Es importante que los niños y niñas aprendan a distinguir una cosa de otra, ya que las observaciones son normalmente objetivables –podemos ponernos de acuerdo en lo que vemos–, en cambio las inferencias o las explicaciones son interpretaciones y no siempre diferentes personas explican un hecho de la misma manera.

Justamente la historia de las ideas científicas es la historia de cómo podemos explicar de manera más convincente un determinado fenómeno. Nuestras creencias y conocimientos influyen tanto en la observación como en la inferencia, de manera que una norma importante que habría que establecerse en un aula de ciencias es que hay que ponerse de acuerdo en lo que se observa pero hay que respetar, al menos inicialmente, que hay diferentes maneras de interpretar una misma observación. Las explicaciones del alumnado no son buenas porque sean suyas sino porque explican más o menos bien una determinada observación. En el razonamiento científico, distinguir las observaciones de las inferencias y situarlas cada una en su lugar es muy importante, y es una habilidad que también nos será muy útil para muchas situaciones cotidianas en que observaciones e inferencias también se confunden.

El desarrollo de la capacidad de observación de los niños y niñas pasa, sobre todo, por que aprendan de manera progresiva a seleccionar lo relevante de lo que no lo es tanto en el transcurso de la exploración de un determinado objeto o fenómeno, y por esto es imprescindible el apoyo de los maestros, para que les ayuden a planificar sus observaciones (Harlen, 1998). Como hemos dicho más arriba, en una observación científica no todo lo que se ve es interesante. Por ejemplo, no tiene demasiado sentido que, cuando se observa o se dibuja una roca, los niños y niñas se fijen en la forma o la medida que tiene porque, si la rompemos y la hacemos más pequeña, cambiará la medida y la forma pero lo que es importante que observemos para *entender* la roca continuará igual (color, textura, presencia de minerales o de sedimentos, etc.).

Del estudio de las formas de observar de los niños y niñas hemos aprendido algunas cosas que tendrán que tener en cuenta los maestros. Así, por ejemplo, los niños y niñas más pequeños suelen entretenerse más en las características que les llaman la atención que en los detalles; en las diferencias, más que en las similitudes; en lo que cambia, más que en lo que se mantiene sin cambios. Por otro lado, cuando la observación se hace con relación a alguna idea o predicción previa, a menudo buscan la confirmación de sus ideas, en lugar de tener una perspectiva abierta y utilizar toda la evidencia disponible (Chinn y Malhotra, 2002). De manera espontánea, raramente repiten las observaciones o medidas que han realizado, ni tampoco toman nota de las observaciones hechas (García-Milà y Andersen, 2007).

Todos estos hábitos observacionales espontáneos de los alumnos pueden ser reconducidos poco a poco por los maestros, partiendo de preguntas y tareas que los conduzcan a observar los detalles, a fijar la atención también en aquello que quizá ha cambiado, y a detectar las diferencias al mismo tiempo que las similitudes, subrayando que la detección de parecidos es una característica muy importante del pensamiento científico. También los podemos ayudar haciéndoles revisar sus predicciones y ayudándoles a ver cuándo están forzando que una observación sea compatible con sus expectativas.

Un instrumento muy interesante y poco utilizado en nuestro país son las *libretas de ciencias* (cuadro 12), que actúan como registros abiertos que acompañan las investigaciones de los alumnos (Klentschy, 2008; Segalés, Fontarnau, Jiménez, Martí y Riera, 2011).

Cuadro 12 . Ejemplo de libreta de ciencias (tercer ciclo de educación primaria)

Experimentar

«Experimentar» es un término genérico que en el ámbito educativo se asocia a la acción de manipular. En la enseñanza de las ciencias también le podemos atribuir esta connotación manipulativa pero teniendo en cuenta que, en este caso, la manipulación tiene como objetivo explícito la obtención de datos sobre el comportamiento de un objeto/organismo, o de un fenómeno. Como dice la cita de Wagensberg al inicio de este apartado, «experimentar es inventar una observación». Por lo tanto, la experimentación científica siempre es una intervención en el mundo que persigue unos objetivos explícitos. Ya no esperamos que, contemplándolo, el mundo nos diga cosas sino que, provocándolo, lo forzamos a darnos respuestas. La experimentación científica es más sistemática que la manipulación abierta y responde normalmente a una intención concreta, a una cierta intuición de cómo ha de pasar una cosa.

La experimentación científica comporta una cierta planificación que especifica la definición del objetivo, la concreción del tipo de información que se espera obtener del experimento, los pasos que se han de seguir para obtener la información, el material que se necesitará, etc. En consecuencia, los experimentos científicos siempre se han de diseñar y planificar para que en una investigación sirvan para comprobar una determinada hipótesis. Como recordaba Darwin: «¡Qué extraño es que nadie vea que toda observación [o experimento, podríamos añadir nosotros] se hace a favor o en contra de una determinada hipótesis si es que ha de servir para algo!» (citado en Gould, 1999). Ésta también tendría que ser la función de los experimentos en la ciencia escolar. A la larga, los niños y las niñas tendrían que aprender a vincular un diseño experimental propuesto por ellos mismos a una hipótesis o predicción que también han formulado ellos mismos.

Igual que en el caso de la observación, la manipulación libre de materiales puede ser una práctica muy provechosa para familiarizarse con ciertos objetos, organismos o fenómenos. Por lo tanto, en un proyecto de centro habría que dedicar un tiempo a la manipulación abierta de los materiales para, poco a poco, ir experimentando de manera más guiada mientras simultáneamente se ayuda a entender el sentido que tiene la experimentación en ciencias. Finalmente, esto permitiría dejar que los alumnos experimenten de manera más autónoma y científicamente más auténtica. Esta secuencia se puede corresponder con unos intervalos de edad pero siempre dependerá del grado de familiaridad que los niños y niñas tengan con los tipos de fenómenos que se propongan estudiar.

En consecuencia, no toda la manipulación libre y abierta se ha de reservar para la educación infantil. De esta manera, si se considera que los niños y niñas tienen poca experiencia sistemática con algún fenómeno (sonido, calor, magnetismo, electricidad, etc.), habrá que dar un tiempo de manipulación más abierta para familiarizarse con el fenómeno, independientemente del curso en el que estén.

En la ciencia que hacemos en la escuela, la función principal de un experimento no tendría que ser simplemente llamar la atención de los niños y niñas (como frecuentemente sucede en los museos o en algunos programas televisivos). Básicamente, en la escuela los experimentos deberían tener otro sentido (Izquierdo y otros, 1999b) porque los niños van a aprender ciencia a la vez que aprenden a hacer ciencia y aprenden sobre la ciencia, y eso siempre lo hará mejor la escuela que la televisión y los museos.

Hay experimentos muy simples y otros más sofisticados y, normalmente, los seleccionan los maestros aunque, con el entrenamiento correspondiente, los alumnos pueden proponer experimentos muy interesantes. En cualquier caso, los maestros tendrán que tener algunos criterios para seleccionar qué experimentos son más adecuados en un determinado momento. Appleton (2002) ha estudiado cómo los maestros seleccionan las actividades que acaban llevando al aula y ha visto que, normalmente, usan lo que él denomina *activities that work* ('actividades que funcionan') y que en términos generales responden a las características siguientes: una actividad que funciona enseña lo que se quiere enseñar, el conocimiento científico necesario es bien conocido por el maestro, el experimento implica activamente a los estudiantes y lo encuentran divertido, comporta una gestión del aula manejable, y tiene un resultado previsible y conocido por el maestro.

Creemos que estos criterios no son suficientes en el momento de escoger entre la inmensa variedad de recetas experimentales que un maestro puede encontrar fácilmente, tanto en libros (por ejemplo, Ramiro, 2010), como a través de Internet, y por eso proponemos añadir dos criterios más:

1. Que sean significativos para el modelo teórico-científico que se desea explicar.
2. Que los datos y hechos que se obtengan puedan ser interpretados por los niños y niñas usando su conocimiento previo.

Este segundo punto es muy importante porque no se trata de que la explicación de los resultados del experimento finalmente la haga el maestro, sino de que deben ser los propios alumnos los que la piensen, de manera que no todos los experimentos serán igualmente útiles planteados en uno u otro momento. Por ejemplo, el experimento de la vela que se explica más adelante (p. 86) se puede hacer en cualquier curso de primaria pero, en cada caso, se puede aprovechar para trabajar unos u otros conceptos teóricos.

Algunas veces, puede que los maestros cometan el error de pensar que, como para nosotros el resultado es fácilmente interpretable, entonces también lo será para los alumnos (o al revés: pensar que, como nosotros no lo entendemos suficientemente bien, los niños y niñas seguro que no lo podrán interpretar). Los experimentos nunca son evidentes por ellos mismos, ni se explican por ellos mismos. Los experimentos nos muestran hechos que hay que interpretar. Por esta razón es mejor pensar que lo importante es que el alumnado haga su interpretación partiendo de sus teorías intuitivas y que, justo por eso, los comentarios que los niños y niñas hagan sobre los resultados de los experimentos serán ventanas abiertas al contenido de sus teorías.

También es necesario que los maestros escojan bien las experiencias, en el sentido de que sepan relacionarlas con los modelos explicativos correspondientes porque, en última instancia, los hechos obtenidos a través de los experimentos siempre son explicados con el uso de unos pocos conceptos y modelos explicativos. De hecho, éste es el gran potencial del conocimiento científico, y esto es lo que los niños tendrían que descubrir: muchos hechos aparentemente diferentes y un modelo explicativo para todos ellos (cuadro 13).

Hay ciertos tipos de experimentos que nos los planteamos para constatar y comparar qué sucede en situaciones en que actúa (o no actúa) un determinado factor, de manera que lo que se persigue finalmente es determinar si este factor tiene alguna influencia en los resultados que se observan. En estos casos, para considerar que el experimento está bien planteado, es muy importante controlar todas las variables que, en principio, creemos que pueden influir en el fenómeno estudiado. Es lo que se denomina *diseño experimental con control de variables*, con el cual nos explayaremos a continuación dado que se trata de un tipo concreto de diseño experimental que, por un lado, es muy habitual como modelo de experimentación en el aula (Martins, 2002), y por otro lado, ha centrado el interés de algunos estudios recientes sobre las habilidades de razonamiento científico de los niños (Klahr y Li, 2005; Toth, Klahr y Chen, 2000).

Cuadro 13. Relación de observaciones y/o hechos experimentales con conceptos y/o modelos teóricos

HECHOS	CONCEPTOS Y/O MODELOS TEÓRICOS
> Volcanes. > Formación de cordilleras montañosas. > Terremotos. > Abertura de océanos.	> Teoría de la tectónica de placas.
> Dimorfismo sexual. > Conductas de mimetismo. > Conductas de distracción ante un predador.	> Modelo teórico de la relación coste-beneficio. > Conceptos de adaptación y de selección natural.
> Formación de burbujas de jabón. > Forma de las gotas de agua en diferentes superficies. > Evaporación del agua. > Transmisión del sonido. > Disolución de azúcar en agua. > Diferencias de propiedades de sólidos, líquidos y gases.	> Teoría corpuscular de la materia.

El diseño experimental con control de variables

Imaginemos las siguientes preguntas: ¿la temperatura afecta a la capacidad del azúcar de disolverse en agua?, ¿el peso tiene relación con el hecho de que un objeto sólido flote en un líquido?, ¿cambia el comportamiento de un grillo cuando está solo o cuando está con otros grillos?, ¿se vuelven más agresivas las arañas cuando disponen de menos espacio para vivir juntas? Para todos estos casos, y muchos otros similares, puede servir planificar un diseño experimental con control de variables (DECV).

El DECV es una estrategia de experimentación que se tendrá que utilizar cuando el objetivo que se persigue es establecer si hay, o no, una posible relación entre dos variables. En las preguntas investigables anteriores, por ejemplo, se plantea si hay relación entre la temperatura y la disolución, entre el peso y la flotabilidad, entre el comportamiento de los grillos cuando viven solos o cuando viven en grupo, o en la agresividad de las arañas cuando se reduce su espacio vital.

En un DECV se cambian los valores de una sola variable y se observan los efectos de estos cambios en la otra variable, asegurándose de mantener, sin modificar, todos los otros factores[17] que pueden influir en el fenómeno estudiado. Se hace así porque los resultados obtenidos nos han de permitir excluir posibles hipótesis competidoras. Para la educación primaria se propone que el control de las variables sea sencillo, y que los instrumentos de observación y medida implicados sean fáciles de utilizar por los propios alumnos, de la manera más autónoma posible.

Para diseñar correctamente un DECV, hay que tener claro que intervienen tres tipos de variables que se tendrán que aprender a identificar y distinguir:

- En primer lugar, está la *variable independiente*, que es la variable que escogemos para investigar y que el investigador modifica de manera controlada. Se puede identificar respondiendo a la pregunta: «¿qué cambio en este experimento?».
- En segundo lugar, está la *variable dependiente*, que es la variable que mido (si es una variable cuantitativa) u observo (si es una variable cualitativa), y que la puedo identificar respondiendo a la pregunta: «¿qué observo o qué mido en este experimento?».
- Finalmente, están las *variables de control*, que son todas las otras variables que sabemos (o pensamos) que pueden afectar el resultado y que en cada experimento se tendrán que mantener constantes. Se pueden identificar con la pregunta: «¿qué variables no puedo modificar?».

Para que el resultado de un DECV sea concluyente y correcto, hay que tener mucho cuidado en el proceso de control de las variables porque, si este proceso de control no se hace correctamente, no podremos estar seguros de que los resultados obtenidos se puedan atribuir sólo a la modificación de la variable independiente. Por este motivo, en el caso de que alguna variable sea difícil de controlar (o no se pueda controlar), es muy importante señalarlo en la planificación para, de esta manera, tener claras las posibles limitaciones de los resultados obtenidos. A continuación, se muestran dos ejemplos de DECV mal planteados:

---

17. Usamos indistintamente los términos «factor» o «variable».

Ejemplo 1. La germinación de las semillas

Imaginemos que estamos investigando si la presencia de la luz afecta a la germinación de las semillas de judía. Para eso, colocamos semillas en dos tarros con algodón húmedo. Uno lo situamos cerca de la ventana (condición *a*: presencia de luz) y el otro, dentro de un armario (condición *b*: no presencia de luz).

Este diseño está mal planteado porque no sólo modificamos la variable presencia de luz sino que, sin querer, también modificamos las variables temperatura y humedad (que sabemos que afectan a la germinación) porque el tarro que está en la ventana estará a más temperatura y se secará más rápido que el tarro que está en el armario.

Podríamos mantener el mismo DECV propuesto si tenemos en cuenta controlar que las condiciones de temperatura y humedad de los dos tarros no sean muy diferentes.

Ejemplo 2. La flotabilidad de los objetos

A veces, se experimenta si el peso afecta a la flotabilidad de los objetos colocando en el agua un objeto ligero (un corcho) y un objeto pesado (un metal). Este DECV es incorrecto porque, al mismo tiempo que varían el peso/masa del objeto, también varía el tipo de material.

Para saber con seguridad si el peso/masa afecta a la flotabilidad de un objeto tendríamos que comparar, por un lado, fragmentos de corcho de diferentes pesos (veremos que todos flotan) y, por otro, trozos de metal de diferentes pesos (veremos que todos se hunden). Haciéndolo así, sí que podemos afirmar que el peso no afecta a la flotabilidad. De la otra manera el resultado será, erróneamente, que el peso/masa sí que afecta a la capacidad de un objeto de flotar en el agua.

Además, en este caso los resultados obtenidos de un experimento mal planteado confirman, y refuerzan, la idea compartida por muchos niños y niñas de que el peso (masa) sí que afecta a la flotabilidad.

A continuación, el cuadro 14 muestra un ejemplo de cómo los niños y niñas pueden recoger toda la información necesaria para planificar correctamente un DECV, de una manera sistemática y ordenada.

Cuadro 14. ¿Qué le sucede a la disolución del azúcar cuando variamos la temperatura?

¿Qué cambiaremos? (variable independiente)	¿Qué observaremos o mediremos? (variable dependiente)	¿Qué no podemos modificar? (variables de control)
La temperatura.	Si el azúcar se disuelve o no se disuelve.	> La cantidad de azúcar. > La cantidad de agua. > El hecho de remover.
¿Cómo lo haremos?	**¿Cómo lo haremos?**	**¿Cómo lo haremos?**
Compararemos qué sucede a 20ºC y a 80ºC.	Esperaremos cinco minutos y miraremos si hay granitos de azúcar en el fondo del vaso. Si están todos los granitos, diremos que no se han disuelto; si sólo hay unos cuantos granitos, diremos que se ha disuelto un poco; y, si no hay ningún granito, diremos que se ha disuelto todo el azúcar.	En este experimento siempre usaremos 5 g de azúcar en 250 ml de agua, sin remover ni un poquito.

Modificado a partir de Martins y otros (2006)

En el cuadro 15 esquematizamos con más detalle los pasos básicos que hay que seguir en un DECV.

Cuadro 15. Detalle de los pasos que se han de seguir en un diseño experimental con control de variables

1. Identificar las variables que se quieren relacionar	
Identificar y seleccionar las variables independientes y decidir qué valores/categorías pueden tomar A través de la pregunta, «¿de qué depende que...?», se pueden identificar las variables que los niños y niñas piensan que intervienen en un fenómeno. Cada una de las variables se puede convertir en una variable independiente. Una vez seleccionada una variable, hay que decidir qué valores/categorías usaremos en el experimento.	**Por ejemplo:** ¿De qué depende que un objeto flote en el agua? Del tipo de material, del tipo de líquido, de la cantidad de líquido, de la masa del objeto. Si hacemos que la variable independiente sea la masa, los valores que tomaremos pueden ser 5 g, 100 g y 250 g. Con niños muy pequeños se pueden usar categorías más cualitativas (poco/mucho, lejos/ cerca, etc.) aunque, en cuanto se pueda, es mejor usar datos cuantitativos.

Identificar y seleccionar la variable dependiente y pensar qué valores/categorías puede tomar

Para identificar la variable dependiente hay que pensar qué factores podemos observar o medir cuando modificamos la variable independiente.

Es importante darse cuenta de que, si se utiliza la pregunta «¿de qué depende que...?», ya se está enmarcando un posible conjunto de variables dependientes.

En el caso de que la variable dependiente no se pueda medir, habrá que decidir las categorías de observación.

Por ejemplo:

Si estudiamos el efecto de diferentes variables sobre la formación de una sombra, podemos observar o medir la altura de la sombra, la nitidez de la sombra, etc.

Si decimos, «¿de qué depende que un objeto sólido flote o no flote en el agua?», ya estamos indicando que la variable dependiente tendrá que ser alguna medida de la flotabilidad. Como que la flotabilidad no se puede medir, tendremos que proponer categorías de observación: no flota (cuando el objeto está en el fondo), flota (cuando el objeto está completamente dentro del agua pero no en el fondo, o cuando flota en la superficie o justo por debajo del agua).

Identificar las variables que se han de controlar y decidir qué acciones se deberán llevar a cabo para controlarlas

Las variables de control son todas las variables que consideramos que pueden intervenir en el fenómeno y que no se han seleccionado como variable independiente del experimento en curso.

Una vez identificadas las variables que se han de controlar, tendrá que pensar las acciones que deberán llevarse a cabo para controlarlas.

Por ejemplo:

En el experimento sobre el efecto de la temperatura en la disolución, que tratamos en el cuadro 14, para controlar las otras variables usaríamos siempre 5g de azúcar, 250 ml de agua y nunca removeríamos.

2. Concretamos el experimento

Escogemos una variable independiente y una variable dependiente

Hay que tener en cuenta que se pueden hacer tantos experimentos como variables independientes se hayan identificado porque en cada experimento sólo se puede poner a prueba una sola variable independiente.

La variable dependiente también puede variar pero es mejor que no se cambie en una batería de experimentos similares, sobre todo si cada experimento lo hacen grupos de alumnos diferentes. Así los resultados podrán ser comparables.

Por ejemplo:

En una investigación sobre disoluciones, se puede escoger como variable independiente la temperatura, y como variable dependiente la capacidad de disolución, que se observará cualitativamente a partir de la observación de la presencia de granitos de azúcar o sal en el fondo del recipiente pasados unos 5' de haberlos tirado.

Formular la pregunta de investigación

La pregunta delimitará el experimento concreto que se llevará a cabo y que deriva directamente de las variables seleccionadas.

La pregunta de investigación se puede formular a partir de los modelos propuestos en los ejemplos, aunque siempre que la pregunta incluya ambas variables se puede considerar bien formulada.

Por ejemplo:

¿Qué le pasa a (*variable dependiente*) cuando modificamos (*variable independiente*)? Por ejemplo: ¿qué le pasa a la flotabilidad cuando modificamos la masa del objeto?

¿Cómo afecta a (*variable dependiente*) que modifiquemos (*variable independiente*)? Por ejemplo: ¿cómo afecta a la flotabilidad que modifiquemos la masa del objeto?

¿Cuándo cambio (*variable independiente*), qué le pasa a (*variable dependiente*)? Por ejemplo: ¿cuándo cambio la masa del objeto, qué le pasa a la flotabilidad?

Tiene algún efecto en (*variable dependiente*) que modifique/cambie *variable independiente*)? Por ejemplo: ¿tiene algún efecto en el comportamiento de las arañas que el terrario sea más pequeño?

Una vez formulada la pregunta investigable y determinada la planificación general, los pasos que se han de seguir ya son comunes a otros tipos de experimentación. Así, se tendrá que seleccionar el material que se necesitará; se tendrán que determinar las medidas de seguridad que habrá que tener en cuenta en el momento de manipular los materiales; se tendrá que decidir cómo se recogerán los datos y cómo se representarán —es decir, qué tipo de tablas, gráficos, dibujos pueden ser mejores para recoger la información–; se tendrán que recoger los datos tal como se haya decidido y con el máximo rigor posible señalando, si es necesario, las dificultades con que nos hemos encontrado y, finalmente, se tendrán que extraer los resultados de los datos obtenidos a través de identificar patrones.

Como se puede ver, diseñar un experimento comporta tomar muchas decisiones porque un mismo experimento lo podemos hacer de maneras diversas, ya sea porque cogemos valores diversos para las variables o porque las condiciones de las variables de control varían. Por este motivo, es importante planificarlo bien. Tener claro cómo se han obtenido unos determinados resultados es tan importante, o más, que los propios resultados.

Analizar datos y establecer conclusiones

Una vez se han recogido una serie de datos a partir de la observación o la experimentación, habrá que analizarlos y extraer conclusiones.

Para poder analizar los datos, primero habrá que reducirlos y/u ordenarlos de alguna manera. Por eso hay que tener en cuenta de qué tipo de datos se dispone con el objetivo de escoger la manera adecuada de representarlos. Así, si la variable es discreta o categórica, es decir, si sólo puede tomar unos pocos valores numéricos posibles, o si sus valores no se pueden expresar numéricamente sino con categorías (por ejemplo, flota/no flota, niño/niña, etc.), entonces se tendrán que utilizar tablas de frecuencias, diagramas de barras o diagramas de sectores. En cambio, para las variables continuas, que pueden tomar un número infinito de valores numéricos, se pueden utilizar los estadísticos descriptivos (mínimo/máximo, media/mediana/moda, etc.), y los histogramas.

El análisis y representación de los datos es uno de los procesos más importantes de la investigación científica aunque, a menudo, en la escuela no se presta suficiente atención. Estudios recientes muestran que los niños y niñas se implican con una cierta facilidad en estos procesos y tienen más habilidades de las que sospechábamos (Lehrer y Schauble, 2006).[18] Aunque curricularmente muchas de las herramientas necesarias para el análisis y representación de datos forman parte de los contenidos del área de matemáticas, es bastante obvio que las investigaciones que se generan en el área de conocimiento del medio natural, social y cultural son el mejor contexto para introducir los contenidos matemáticos relacionados con el análisis de datos y, sin ningún tipo de duda, adquieren mucho más sentido para los alumnos porque se introducen en un contexto real y cuando de verdad se necesitan. Por lo tanto, no hay ningún motivo didáctico para no considerar de ciencias todos los contenidos relacionados con el análisis de datos.

Las tablas y los gráficos que nos servirán para ordenar los datos no tienen valor por ellos mismos, sino que lo tienen porque son instrumentos que ayudan a leer

---

18. Recomendamos muy especialmente la lectura del libro de Lehrer y Schauble (2006) sobre cómo trabajar con los niños y niñas de primaria la obtención, representación y análisis de datos reales.

Imagen 1. Educación infantil

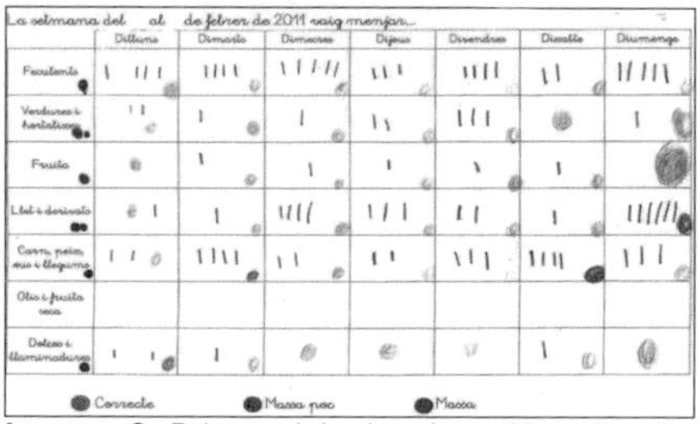

Imagen 2. Primer ciclo de educación primaria

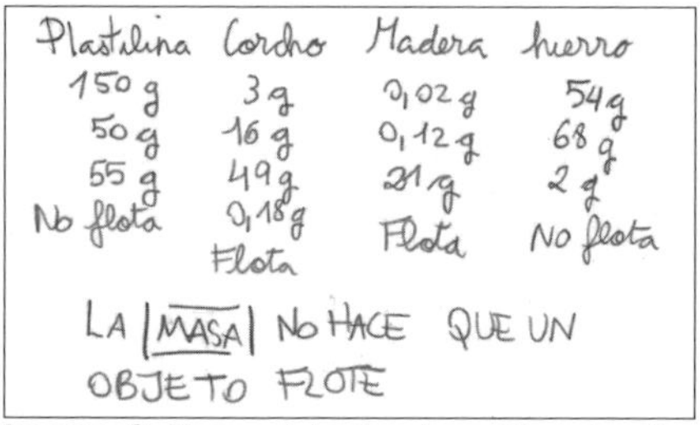

Imagen 3. Tercer ciclo de educación primaria

e interpretar más fácilmente un conjunto de datos (véanse las imágenes 1, 2 y 3). No se deben hacer porque toca sino porque facilitan la lectura de los datos y la extracción de conclusiones. Algunos estudios basados en el uso de las libretas de ciencias muestran que muy pocas veces los alumnos utilizan de manera espontánea las tablas y los gráficos (García-Milà y Andersen, 2007), aunque según cómo se planteen las actividades, mejora mucho la cantidad y el tipo de anotaciones que hacen los niños y niñas en sus libretas de ciencias (García-Milà, Andersen y Rojo, 2011).

Cuando los niños y niñas ya conocen cómo elaborar y usar gráficos, podemos implicarlos en expresar sus predicciones usando este tipo de lenguaje. Tal como muestran los ejemplos del cuadro 16, las relaciones entre variables que proponen los

Cuadro 16. Predicciones y resultados expresados usando gráficos

TEMAS	PREDICCIÓN	RESULTADO
Caso 1: Ebullición del agua	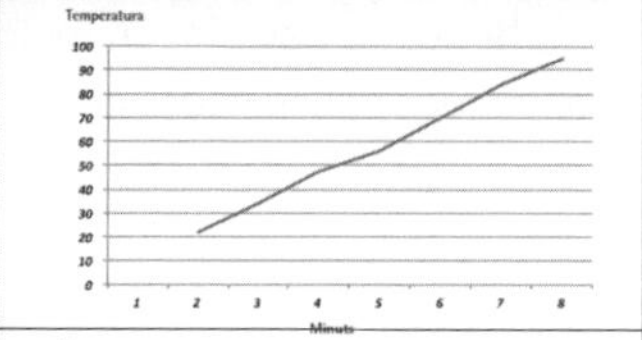	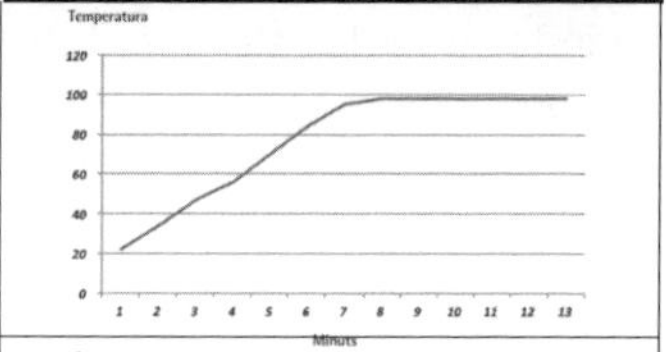
Caso 2: Variación del peso de un huevo durante el proceso de incubación	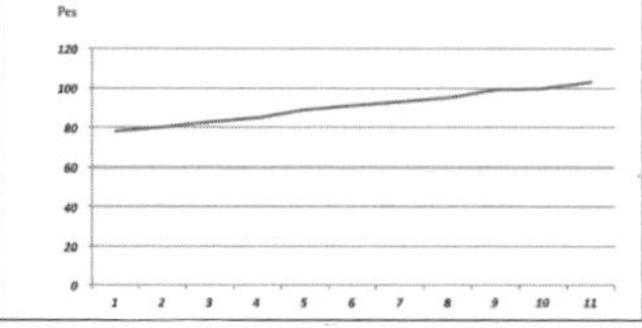	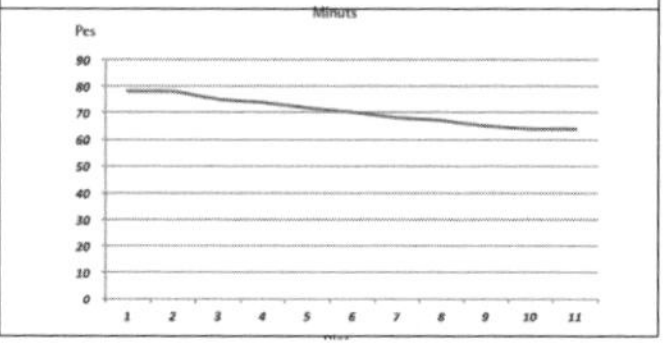

niños y niñas son de carácter lineal; es decir, cuanto más de una variable, más de la otra (o menos de una variable, menos de la otra).

Aprender a leer un gráfico es importante porque permite identificar un patrón, es decir, un cierto tipo de relación entre dos variables. Los patrones entre variables pueden ser muy diversos (lineales, exponenciales, etc.) y más o menos complejos. Es importante ayudar al alumnado a leerlos bien en los gráficos y, también, ayudarlos a escribirlos o expresarlos oralmente. Diversas estructuras de frase que pueden servir a este objetivo son:

> ⊂⊃ «Hemos observado que a medida que» (variación de la variable independiente), «la» (variación de la variable dependiente).
> Por ejemplo: a medida que la distancia de la fuente de luz al objeto es más grande, la longitud de la sombra se hace más corta.

> ⊂⊃ «Cuando cambia» (variable independiente), «entonces» (comportamiento de la variable dependiente).
> Por ejemplo: cuando cambio la temperatura del agua, entonces el azúcar no se deshace igual o, más precisamente, cuando aumento la temperatura del agua, entonces el azúcar se deshace mejor.

Las conclusiones son las afirmaciones que se pueden hacer a partir de los resultados obtenidos en un proceso de observación o de experimentación, y la identificación de patrones es una manera de poder elaborar una conclusión. Un ejemplo de conclusión experimental sería:

> «La masa es un factor que no tiene nada que ver con la flotabilidad de un objeto o, expresado de otra manera, la flotabilidad de un objeto no depende de la masa.»

En esta fase de conclusiones es importante que se acostumbre a los alumnos a señalar los posibles límites de su investigación derivados, por ejemplo, de no haber podido controlar bien todas las variables. Al menos, es importante referirse a las condiciones en que se ha hecho el experimento. De esta manera, las afirmaciones anteriores mejoran si se cambian por las siguientes: «basándonos en los resultados obtenidos en nuestro experimento, la masa es un factor que no tiene relación con la flotabilidad de un objeto».

Betsy Rupp Fulwiler (2007) propone una secuencia de intervenciones de la maestra con el objetivo de dar apoyo a los alumnos en el momento de escribir correctamente las conclusiones de un experimento. En el cuadro 17 adaptamos un ejemplo a partir de su propuesta original.

Cuadro 17. Cómo ayudar a escribir correctamente las conclusiones de una experimentación

- La maestra *recuerda la pregunta investigable inicial* que era: «¿cómo afecta la reducción del espacio a la agresividad de las arañas?».
- *Propone una respuesta general:* «las arañas se pelean más». En este momento la maestra puede indicar que una manera de empezar a responder es usar algunas palabras que aparecen en la pregunta. Puede escribir un ejemplo en la pizarra: «cuando hacemos el espacio más pequeño, las arañas se vuelven más agresivas».
- Señala que la conclusión estará mejor escrita si la acompañamos de *evidencias obtenidas en la investigación* que han hecho y que tienen *registradas en la libreta de ciencias*. Escribe «por ejemplo» y explica que este término servirá para introducir las evidencias o los datos que han obtenido. Indica que los datos que aparecen en una conclusión sólo son una muestra y que no suelen incluir valores extraños o inconsistentes con el resto de datos. Pide algunos datos a los diferentes grupos y los aprovecha para enseñar un modelo de conclusión que sería: «*por ejemplo*, en un terrario de 100cm^2 ha habido 10 encuentros agresivos».
- La maestra introduce posibles *términos de contraste o de oposición* como «pero», «en cambio» y explica que para remarcar el contraste se puede añadir «solamente». Pone un ejemplo a partir de los datos obtenidos: «en cambio, en un terrario de 600cm^2 solamente ha habido 2 encuentros agresivos».
- La maestra explica que usando solamente estos datos ya es suficiente para poder hacer una afirmación. Explica la utilidad de estructuras como «por esto, podemos afirmar que…» o «por lo tanto, podemos afirmar que…», que sirven para dar inicio a la afirmación final que siempre se formulará de manera general, sin usar datos concretos (como, «cuanto más/menos…, más/menos»). Acaba de escribir el ejemplo: «por esto, podemos afirmar que cuanto más pequeña es la superficie del terrario, más encuentros agresivos hay entre las arañas».
- El escrito *completo* quedaría de la siguiente manera: «¿cómo afecta la reducción del espacio a la agresividad de las arañas? Cuando hacemos el espacio más pequeño, las arañas se vuelven más agresivas. Por ejemplo, en un terrario de 100cm^2 ha habido 10 encuentros agresivos; en cambio, en un terrario de 600cm^2 solamente ha habido 2 encuentros agresivos. Por esto, podemos afirmar que cuanto más pequeña es la superficie del terrario, más encuentros agresivos hay entre las arañas».
- En algunos casos se puede añadir una *inferencia* que proponga una causa como punto final de la conclusión. En este caso es útil la estructura: «*pienso que esto sucede porque…*». Siguiendo el ejemplo anterior, la inferencia causal podría ser: «*pienso que esto sucede porque las arañas necesitan su territorio para cazar y viven solas, de manera que no quieren*

ninguna otra araña en su territorio». El concepto de territorialidad vinculado a la conducta de las arañas es el elemento teórico que ayuda a construir la inferencia.

Betsy Rupp Fulwiler (2007) propone que sólo las estructuras textuales (y no todo el ejemplo) estén en un lugar visible para que los alumnos las puedan utilizar. A medida que los niños y niñas tienen experiencia en cómo escribir conclusiones, muchos de estos soportes serán innecesarios y los propios alumnos podrán escribir de una manera más autónoma sus conclusiones en la libreta de ciencias. Por esto puede ser útil pedirles: ¿de qué manera podrías escribir esto?

Saltar a las conclusiones no es lo mismo que extraer conclusiones. Los niños y niñas suelen saltar demasiado rápido a las conclusiones a partir de pruebas demasiado limitadas. Hay que ayudarlos a ser conscientes de la limitación de las pruebas de las que se dispone, y analizar si se están proponiendo interpretaciones que van más allá de las pruebas disponibles.

La extracción de conclusiones es el final de todo un proceso que, probablemente para los niños y niñas, habrá tenido momentos muy emocionantes e, incluso, inquietantes. Pero la extracción de conclusiones no es simplemente el final de la actividad sino que es uno de los momentos más importantes, y por eso hay que otorgarle el espacio suficiente en la planificación de la actividad y un espacio físico tranquilo y adecuado para que se pueda llevar a cabo.

Las conclusiones de los experimentos son hechos (o evidencias), no modelos explicativos y, por lo tanto, no explican por qué lo que pasa pasa de aquella manera, sino que nos dicen qué es lo que pasa. Explicar teóricamente los hechos, supone moverse hacia el ámbito de las explicaciones, y de esto nos ocuparemos más adelante.

Evaluar y revisar la obtención de datos y el establecimiento de evidencias

Dado que la idea de competencia científica comporta comprender hasta un cierto grado la naturaleza de la ciencia, entonces de lo que se trata no es sólo de implicar activamente a los alumnos en investigaciones científicas, sino que también es importante ayudarlos a tomar consciencia de lo que están haciendo y cómo lo están haciendo. Esta actividad de carácter regulador y metacognitivo no siempre se tiene en cuenta al planificar las actividades que se llevarán a cabo en el aula pero es muy importante para favorecer la concepción que los niños y niñas irán desenvolviendo sobre lo que es la ciencia.

Un aspecto de esta actividad metacognitiva es la acción de evaluar y revisar la actividad que se está llevando a cabo, en este caso con relación a la obtención de datos y al establecimiento de hechos. La evaluación se ha de dirigir a detectar y explicitar las posibles limitaciones o errores que puedan haber surgido en cualquiera de las diferentes fases del proceso de observación o de experimentación: el rigor en la observación/medida, el control de variables, la representación de los resultados, la identificación del patrón y el establecimiento de la conclusión. Ser consciente de las fortalezas y de las limitaciones de todos estos procesos ha de permitir comprender mejor la naturaleza del conocimiento científico, y concebirlo como un conocimiento sujeto al rigor que se haya tenido en la realización de todo el conjunto de la investigación.

En el cuadro 18 se muestran algunas preguntas que pueden ser útiles para esta finalidad, la mayoría de las cuales están extraídas del trabajo de Metz (2004). Sería aconsejable que los alumnos adquirieran el hábito de hacérselas por ellos mismos, estas preguntas u otras similares. Por este motivo, sería importante que los maestros incluyeran apartados explícitos de evaluación en la planificación de los diseños experimentales que se implementan en el aula.

Cuadro 18. Preguntas útiles para evaluar los procesos de génesis de datos y conclusiones (a partir de Metz, 2004)

- ¿Qué habéis encontrado? ¿Hasta qué punto estáis seguros de...?
- ¿Podéis proponer alguna manera de estar más seguros de los resultados? ¿Cómo os ayudaría, eso que proponéis, a estar más seguros de los resultados?
- Cuando los científicos acaban un estudio, generalmente piensan cómo podrían hacerlo mejor. ¡Vuestro estudio está muy bien! Pero, ¿podríais decirme qué se podría hacer para que aún fuera mejor? ¿Por qué lo haría mejor eso que proponéis?
- ¿Vuestros resultados se podrían aplicar a otras situaciones o sólo sirven para este caso?
- ¿En qué os parece que la investigación que habéis hecho se parece a las que hacen los científicos?

En el citado estudio (Metz, 2004), la autora implica a dos grupos de niños y niñas de primero y cuarto en el diseño y posterior evaluación de sus propias investigaciones sobre el comportamiento de los grillos. El estudio muestra claramente cómo, a través de las preguntas anteriores, los niños y niñas fueron capaces de tomar conciencia de las limitaciones de sus propias investigaciones.

Todas las preguntas del cuadro 18 contribuyen a la reflexión metacognitiva y esto es muy importante porque lo que en el fondo se persigue no es la aplicación mecánica de ciertas estrategias de investigación, sino la interiorización progresiva de los elementos clave y de la lógica que hay detrás de un proceso de investigación. Hay que prestar atención a este aspecto porque la experiencia muestra que, la mayoría de veces, cuando los niños y niñas explican qué han hecho, recuerdan mucho más haber manipulado unos aparatos que haber comprendido qué significa investigar de una manera científica. Po el contrario, cuando se les propone implicarse en reflexiones de carácter epistemológico, es decir, en reflexiones sobre cómo se genera el conocimiento, entonces la visión que desarrollan sobre la ciencia llega a ser mucho más sofisticada (Smith y otros, 2000).

Las habilidades de investigación de los niños y niñas

El desarrollo de las habilidades de investigación de los niños y niñas de primaria, desde hace un tiempo ha llamado la atención de algunos investigadores interesados en el desarrollo del pensamiento científico de los niños (un buen resumen se puede consultar en Zimmerman, 2007). La investigación en este ámbito ha aportado algunos resultados interesantes que reseñamos a continuación. Es a partir de este tipo de aportaciones que hay que diseñar las propuestas de trabajo en el aula si se quiere que éstas estén bien fundamentadas.

En el cuadro 19 se presenta un resumen de los estudios hechos sobre las capacidades que muestran los niños y niñas con relación al diseño de experimentos.

Cuadro 19. Síntesis de los resultados de los estudios sobre las habilidades de los alumnos en el diseño de experimentos

- Los niños y niñas tienden a proponer experimentos sobre el efecto de las variables que comprenden bien, a diferencia de los adultos, que también exploran las variables que no comprenden tan bien.

- La percepción que los niños y niñas tienen de la finalidad de la experimentación condiciona la estrategia que usan. Pocos utilizan el control de variables de manera espontánea. Por ejemplo, si los alumnos piensan que los científicos realizan experimentos con el propósito de *probar para ver si funciona* y que la finalidad de la ciencia es producir cosas, entonces siempre perseguirán la obtención de resultados positivos de manera que plantearán el experimento para que dé el resultado que esperaban. Si el resultado esperado no aparece, entonces suelen interpretar que algo no ha salido bien, o no ha funcionado bien.
- Los niños y niñas suelen tener más dificultades en construir buenos experimentos de manera autónoma que en reconocer cuáles están bien planteados o mal planteados.
- Desde los 6 años, los alumnos pueden comprender qué significa poner a prueba una hipótesis a través de un experimento y pueden generar experimentos correctos en situaciones simples.
- Cuando los niños y niñas tienen repetidas posibilidades de practicar la elaboración de DECV, y esta práctica es acompañada de sesiones dirigidas a aprender específicamente este procedimiento, una mayoría de niños de 5.º aprenden a hacer DECV de manera correcta y son capaces de usar la técnica, incluso cuando ha pasado un tiempo desde que se les enseñó. Para facilitar que los niños y niñas sean capaces de manera autónoma de hacer un DECV, se recomienda combinar la enseñanza explícita de la lógica del DECV ofreciéndoles muchas oportunidades de practicarla. Cada una de estas dos cosas por separado ayudan menos a aprender a hacer DECV.
- Los niños y niñas más pequeños no suelen ser conscientes de los límites de la propia memoria y piensan poco en cómo registrarán y recuperarán posteriormente la información. Por esta razón, la costumbre de tomar notas mejora el diseño experimental y la interpretación de los datos.

Como ya se ha comentado, los datos que se obtienen en una investigación científica se han de relacionar con alguna teoría. Establecer solamente hechos no es el objetivo de la ciencia. La finalidad de la ciencia es desarrollar, progresivamente, modelos teóricos que expliquen un conjunto de evidencias (por ejemplo, la teoría de la tectónica de placas para explicar la deriva de los continentes). Por este motivo, una parte de la investigación también se ha dirigido a analizar las habilidades que muestran los alumnos en el establecimiento de relaciones entre teoría y evidencia.

En este caso las posturas son discrepantes, lo cual apunta a la necesidad de disponer de más resultados de investigación y de clarificar los modelos teóricos que sirven para interpretar los resultados obtenidos. Aprovechamos la revisión de Zimmerman (2007) para sintetizar dos de las principales aportaciones en esta línea: la de Deanna Kuhn y la de Barbara Koslowski.

Kuhn, Amsel y O'Loughlin (1988) han argumentado que un rasgo diferencial del pensamiento científico es el conjunto de habilidades implicadas en distinguir y relacionar la teoría y la evidencia. Los resultados de Kuhn y colaboradores son ampliamente citados en la literatura especializada y son básicamente tres:

- En primer lugar, que las habilidades implicadas en diferenciar y relacionar teoría y evidencia muestran un desarrollo progresivo de los niños a los adultos, a pesar de que no se desarrollan a un nivel óptimo ni en los adultos, porque incluso éstos tienen tendencia a confundir teoría y evidencia.
- En segundo lugar, que en cada edad hay una variedad de estrategias para relacionar teoría y evidencia cuando ambas son efectivamente discrepantes.
- En tercer lugar, que muchas veces los niños y niñas tienen tendencia a ajustar su teoría para adaptarla a la evidencia que se les presenta.

Con relación a este último aspecto, Chinn y Brewer (1998) han mostrado que tanto los científicos como los niños y niñas a menudo permiten que sus creencias teóricas desautoricen los datos obtenidos y consideran que hay siete tipos de respuestas a las situaciones en que un individuo mantiene la teoría A, pero los datos refuerzan la teoría B, y serían:

- *Ignorar* los datos y retener la teoría inicial.
- *Rechazar* los datos y retener la teoría inicial.
- *Excluir* los datos del dominio de la teoría inicial.
- Dejar los datos en *suspenso* y retener la teoría inicial.
- *Reinterpretar* los datos y retener la teoría inicial.
- *Reinterpretar* los datos y hacer *cambios periféricos* a la teoría inicial.
- *Cambiar* de teoría.

Como se puede ver sólo una de las acciones supone un cambio de teoría, mientras que las otras seis son intentos de adaptar los datos a la propia teoría. Por lo tanto, la tendencia a ajustar la evidencia a la teoría es una conducta muy extendida y no exclusiva de los niños.

En opinión de Kuhn y otros (1988), la forma en que los alumnos de primaria relacionan la teoría con la evidencia sugiere que, a menudo, sus teorías no existen como objetos cognitivos concretos y diferenciados, de manera que la teoría permanece indiferenciada de la evidencia que la fundamenta. Entonces, si teoría y evidencia no existen como entidades cognitivas separadas, es muy difícil para los alumnos poder reflexionar de manera consciente y flexible sobre las relaciones entre una y otra. Si esto es así, una consecuencia educativa inmediata sería la necesidad de ayudar a los alumnos a tomar conciencia de sus teorías y de la naturaleza hipotética de sus ideas, y ayudarlos a distinguir una hipótesis de una evidencia.

La conclusión inicial de Kuhn y su equipo, según la cual los niños no distinguen la teoría de la evidencia, ha sido cuestionada en diversos estudios posteriores. Una de las principales líneas de argumentación crítica proviene de la psicóloga Barbara Koslowski (1996).

Esta autora considera inadecuado el hecho de no tener en cuenta el conocimiento de los alumnos con relación a la tarea que se les plantea o sobre el fenómeno al que han de aplicar sus habilidades, y critica que las tareas planteadas en los estudios de Kuhn estén más cerca de los problemas formales que de los problemas realmente científicos.[19] También cuestiona que se consideren superiores las justificaciones basadas en la evidencia con relación a las justificaciones basadas en la teoría, lo cual considera poco relacionado con la actividad científica real, en que ambos tipos de justificaciones son importantes.

Por todo esto, Koslowski considera que en la evaluación de la relación entre teoría y evidencia no se pueden obviar, ni el establecimiento de mecanismos causales, ni lo que ella denomina las *consideraciones de plausibilidad* porque es evidente que uno de los principales objetivos de la investigación científica es el descubrimiento de mecanismos causales que el investigador acaba considerando como plausibles. Sus estudios, hechos con niños y niñas de 11-12 años, muestran que muchos alumnos de estas edades tienen en cuenta la información sobre posibles mecanismos causales cuando evalúan la evidencia con relación a hipótesis sobre posibles relaciones entre dos variables.

Koslowski también insiste en que el progreso científico se da cuando se toman en serio correlaciones aparentemente poco o nada plausibles (por ejemplo, la hipótesis de Wegener del movimiento de los continentes). Esto nos plantea una nueva implicación educativa, ya que sitúa la importancia de que en el aula circulen más de una hipótesis al mismo tiempo para explicar un hecho. A pesar de que siempre serán preferidas las hipótesis para las cuales tenemos un mecanismo causal que consideremos plausible, atreverse a formular una hipótesis al-

---

19. Vale la pena señalar que este problema metodológico se ha dado en muchas otras investigaciones sobre la capacidad de razonamiento científico de los niños y niñas.

ternativa, para la cual no tenemos un mecanismo causal, puede ser útil cuando la evidencia no encaja del todo con la hipótesis inicial. Por desgracia, en la ciencia escolar no se suele favorecer que se propongan hipótesis alternativas porque todavía pesa demasiado la idea de respuesta correcta.

Como ya se ha indicado, además de dar importancia a la existencia de mecanismos causales, Koslowski también introduce el *criterio de plausibilidad*. La plausibilidad es un criterio de funcionamiento cognitivo que permite limitar la generación y modificación de teorías, ya que sin esta limitación podríamos llegar a generar tal cantidad de hipótesis posibles que la situación llegaría a ser del todo ingobernable. La existencia de este criterio de plausibilidad en el momento de proponer una hipótesis es evidente, por ejemplo, cuando se hacen preguntas a los alumnos del tipo «¿de qué depende que...?», donde se observa que no aparece una lista aleatoria de posibles variables que afectan al fenómeno planteado, sino que suelen aparecer sólo algunas variables que, generalmente, son las mismas en grupos o clases diferentes. Por ejemplo, cuando se pregunta a niños y niñas de todas las edades de qué depende que un objeto flote, nunca hacen referencia al color del objeto o a su textura pero, en cambio, sí que se refieren al peso, al tipo de material, a la presencia de aire, etc.

En consecuencia, Koslowski concluye que los niños y niñas son más capaces de relacionar la teoría y la evidencia de lo que nos pensábamos, siempre y cuando puedan proponer, o dispongan, de mecanismos causales que consideren plausibles en el momento de explicar teóricamente una determinada evidencia.

El ámbito de las explicaciones y los modelos teóricos

El segundo gran ámbito de actividad científica lo hemos identificado como el ámbito de las explicaciones y los modelos teóricos. Como hemos repetido ampliamente, la ciencia no pretende solamente establecer hechos sino explicarlos. Recuperando el ejemplo de Wagener, no se trata de constatar el hecho de que los continentes se han movido y buscar pruebas de ello, sino que también hay que determinar el mecanismo que provoca que los continentes se muevan. Es la capacidad de comprender y la capacidad de intervenir, según lo que se comprende, lo que otorga un valor social y cultural tan grande al conocimiento científico. Éste es el poder de las teorías científicas.

En el fondo buscar y generar explicaciones es un sesgo de la mente humana porque ésta siempre intenta explicarse lo que observa (Pozo, 2001; Wellman y Gelman, 1998). Así se genera buena parte del conocimiento intuitivo que tenemos. Lo que ha incorporado la ciencia moderna son mecanismos de autocorrección que no son propios del conocimiento intuitivo, al que la primera explicación ya le parece suficiente. La experimentación y el control externo del conocimiento científico pueden ser contemplados como dispositivos para detectar posibles errores, ya sea a través del contraste con la propia realidad o exponiendo las propias ideas a toda la comunidad científica.

Sobre la importancia de las teorías científicas, Duschl (1997, p. 23) afirma:

Muchas personas sostienen que los hechos son más importantes que las teorías. Nada está más lejos de la verdad con relación a cómo funciona la ciencia. Las teorías científicas son el elemento más importante del conocimiento científico y juegan un papel vital en el desarrollo de la ciencia.

Al contrario de lo que sucede en la ciencia experta, cuando analizamos la enseñanza de las ciencias en la escuela, observamos que se ha priorizado más la adquisición de hechos que la construcción de explicaciones teóricas, sobre todo en la educación primaria. Ahora mismo no nos podemos plantear mantener este modelo de ciencia escolar, y esto lo podemos afirmar basándonos en dos argumentos importantes. En primer lugar, porque una ciencia escolar de los hechos tan sólo mostraría una parte de la actividad científica y, por lo tanto, reforzaría la adquisición de creencias sobre esta actividad en la línea de pensar que la ciencia es *hacer cosas para ver qué encuentro*. En segundo lugar, porque una ciencia escolar que no se preocupa de plantearse los procesos de construcción de explicaciones es una ciencia escolar que no tiene en cuenta que los niños ya son pensadores teóricos (Karmiloff-Smith, 1994) y que, por lo tanto, interpretan los hechos desde sus propias teorías intuitivas y los explican usando conceptos (peso, calor, fuerza) con significados diferentes a los de la ciencia experta (véase el capítulo 3, p. 101).

Como ya hemos dicho al inicio de este capítulo, enseñar ciencias ha de tener por objetivo hacer evolucionar las formas de explicar de los niños y niñas. Por este motivo, la construcción de explicaciones es muy importante. Entonces, ¿qué significa explicar científicamente?, ¿cómo se construye una explicación científica?

Las explicaciones científicas como narraciones

Normalmente, en ciencia, explicar supone determinar los mecanismos causales que producen un determinado fenómeno o que explican las características de un determinado objeto.

Ogborn, Kress, Martins y Mcgillicuddy (1998) plantean una forma de concebir las explicaciones científicas que nos permite comprender en qué condiciones una explicación realmente explica. Estos autores dicen: «Si se pregunta por qué llueve y se contesta porque el agua cae del cielo, solamente habrás dicho lo que es la lluvia. Si contestas que llueve porque en abril normalmente lo hace, solamente habrás dicho que la lluvia es un fenómeno habitual en esa época del año. Pero un relato sobre una zona de bajas presiones que atraviesa el Atlántico llevando aire húmedo, comienza a ser una explicación. Esta explicación nos dice cómo ha pasado una cosa».

Para estos autores la explicación científica es algo muy cercano a un relato, que tiene unos protagonistas con unas aptitudes y propiedades que les hacen ser y/o comportarse de una determinada manera. Estos protagonistas intervienen en determinados acontecimientos –que equivalen a las diferentes escenas del relato–, que se dan según las características de los protagonistas, y en las condiciones específicas en que tienen lugar los sucesos en los que intervienen estos protagonistas. Por lo tanto, «las explicaciones científicas dependen de la existencia de mundos con protagonistas, cuyos posibles comportamientos confeccionan la historia. Pero también es cierto que estos mundos se sitúan normalmente muy lejos del sentido común cotidiano y, por lo tanto, estas explicaciones no tienen sentido hasta que sepamos qué se supone que son capaces de hacer o qué les ha pasado a las entidades que aparecen» (Ogborn y otros, 1998, p. 27). Consideramos interesante esta propuesta porque los niños y niñas se mueven bien en los relatos, de manera que ésta puede ser una vía de entrada para aprender a explicar científicamente.

De manera general, lo que necesitamos saber para explicar es saber leer la historia que nos explica un determinado fenómeno, y esto significa describir bien la escena y la acción, identificar a sus protagonistas principales, saber cómo son y cómo actúan, e intentar reconstruir la historia con lo que sabemos de los protagonistas para ver si alguna de sus propiedades o características de comportamiento se ajusta a los hechos observados. A continuación, construimos una explicación usando estos pasos y tomando como ejemplo el experimento de la vela.

EXPERIMENTO DE LA VELA

Pasos

1. Poner un poco de agua en una bandeja plana (mejor si el agua está teñida porque se ve más).

2. Poner una vela plana en el agua y encenderla.

3. Tapar la vela con un tarro o una probeta invertidos.

4. Observar qué sucede.

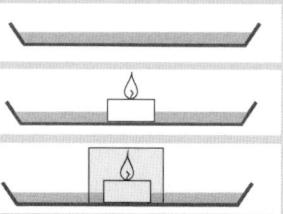

La primera pregunta que nos hemos de hacer es: «¿qué ha pasado en esta escena?». Ésta es una pregunta que nos pide describir los hechos que han sucedido según las observaciones realizadas. Según nuestro esquema sobre la actividad científica (cuadro 4, p. 43), esta tarea formaría parte del ámbito de los datos y hechos porque, al responder, lo que hacemos es identificar con claridad lo que después queremos explicar. En el caso del experimento de la vela puede ser que hayamos observado que: cuando se tapa la vela con el vaso, ésta se apaga al cabo de un rato; cuando se tapa la vela con el vaso, el agua empieza a subir lentamente[20] hacia dentro del vaso pero cuando la vela se apaga, el agua sube más rápidamente; cuando se tapa la vela con el vaso, vemos que salen burbujas de aire; cuando se tapa la vela con el vaso, el cristal se llena, por dentro, de pequeñas gotas de agua. Todo esto son cosas que hemos visto que pasan y, por lo tanto, son los hechos tal como han sucedido; las escenas del relato que tendremos que explicar.

La segunda pregunta que nos hemos de plantear es: «¿cuáles son los protagonistas de esta escena?». Es decir, «¿qué interviene en los hechos observados?». En nuestro ejemplo tenemos diversos personajes pero no todos son protagonistas principales. El vaso y la bandeja, por ejemplo, participan de la acción pero no tienen un papel principal (o, al menos, ¡eso parece a primera vista!). Los protagonistas principales son los siguientes actores: la vela, el aire de dentro del vaso, el aire de fuera del vaso y el agua. Alguien podría cuestionarnos que nosotros sabemos el reparto de los personajes en principales y secundarios, y que los niños y niñas quizá no lo sabrían. Tendría razón. Pero eso no hace más que ralentizar el proceso porque no pasaría nada si los niños y niñas identificaran y describieran todos los personajes (incluidos la bandeja y el vaso) sin dejarse ninguno en el tintero.

Continuemos con los protagonistas principales sobre los cuales nos hemos de hacer una tercera pregunta: «¿qué sabemos de estos protagonistas?», es decir, «¿qué características tienen y cómo se comportan?». Aquí no se trata de decirlo todo de cada protagonista porque no todo es importante para la escena concreta que queremos explicar

---

20. A veces no sube el agua y el vaso hace efecto ventosa. Esto depende del tipo de bandeja que utilizamos. Este caso no lo desarrollamos en el ejemplo aunque participan los mismos protagonistas. Si el lector prueba el experimento y se encuentra con esta situación, puede probar a construir el relato que le corresponde.

pero, si no estamos muy seguros de lo que nos podrá ser útil, vale más hacer una lista larga de atributos y conductas de los personajes seleccionados. ¡Manos a la obra! Primero tenemos la vela que arde. Nosotros sabemos que cuando la vela arde se está produciendo una reacción química de combustión, en la que el combustible de la vela se combina con el oxígeno del aire para dar lugar a dióxido de carbono y agua. Esta reacción necesita un empujón inicial que lo da el encendedor o la cerilla, y libera energía en forma de luz (que podemos ver) y de calor (que podemos notar). Detengámonos un momento para remarcar que, de lo que hemos dicho sobre el protagonista-vela, una parte es fruto de la observación del experimento o de la observación de otras velas ardiendo (que se produce luz y calor), y una parte proviene del conocimiento teórico que hemos adquirido en un momento previo (arder es una reacción química; en una reacción química intervienen reactivos y se obtienen productos; en una reacción química las sustancias cambian pero la cantidad de materia total se conserva). Esto es muy importante de tener en cuenta y nos ha de servir de criterio para saber hasta qué punto los niños y niñas serán capaces de explicar un fenómeno, porque los maestros podemos saber el conocimiento que hasta ese momento tienen los alumnos sobre los protagonistas implicados (¡siempre y cuando haya una buena coordinación pedagógica con los maestros del curso anterior!). Verbigracia, el experimento que nos sirve de ejemplo se propuso a niños y niñas de 1.º y 2.º, y cuando explicaban por qué había pasado lo que había pasado, ninguno utilizaba la idea de cambio químico, simplemente porque no la conocían. Los niños y niñas de 1.º y 2.º decían cosas como: «el aire que entra de fuera apaga la vela y empuja el agua hacia arriba». Como se desprende de este comentario, muchos niños y niñas no contemplaban la existencia del protagonista aire-dentro-del-tarro.

Retomemos la historia. El segundo protagonista de nuestra escena se llama aire, y del aire sabemos algunas cosas (imaginemos que nuestros alumnos también lo saben porque conocemos bien qué y cómo han trabajado antes). Del aire, por ejemplo, sabemos que hay dentro y fuera del vaso; que es un gas y que es materia, lo cual significa que pesa y ocupa espacio; y también que el aire hace presión en todas las direcciones. También sabemos que, como el aire es un gas, se puede expandir o comprimir. Incluso sabemos que se expande cuando no hacemos presión sobre un determinado volumen de gas o cuando lo calentamos, y que se comprime en la situación contraria, cuando hacemos presión o lo enfriamos. Todo esto los niños y niñas lo podrían haber aprendido a partir de experiencias realizadas en cursos anteriores porque, si nos fijamos bien, estamos hablando de conclusiones (de hechos) que pueden haber extraído de una serie de experiencias dedicadas a conocer mejor el aire.

Vamos ahora a por el tercer y último protagonista: el agua. Del agua también sabemos cosas (imaginemos otra vez que nuestros alumnos también saben cosas porque lo han trabajado en cursos anteriores). Por ejemplo, saben que el agua es líquida; que es materia y que, por lo tanto, pesa y ocupa espacio; y que como todas las cosas que pesan, en principio nunca se mueve hacia arriba sino que, a no ser que algo la aguante o la empuje, siempre va hacia abajo (¡a diferencia de lo que acabamos de observar en el experimento, en que el agua se encarama por el tarro haciendo que flote la vela!).

Con todo esto ya estamos en disposición de explicar la historia, de contar el relato entero. Vamos a probar. Cuando hemos tapado la vela, ésta se ha apagado porque la vela necesita oxígeno para mantenerse en combustión y como el vaso ha reducido el aire disponible, cuando el oxígeno se acaba, la vela se apaga. Fruto de la combustión se ha producido dióxido de carbono y agua, por lo tanto hay tanta masa de aire antes de la combustión como ahora. En consecuencia, el agua no sube porque ocupa el lugar del oxígeno.[21] Entonces, ¿por qué sube el agua?, ¿qué le hace subir? Pensemos un poco usando lo que sabemos sobre los protagonistas.

Las cosas, y el agua en concreto, no van hacia arriba y sólo van si algo les empuja. Antes de encender la vela, el agua no subía porque el aire de dentro del tarro hacia presión en todas direcciones y, por lo tanto, también hacia abajo. Cuando hemos encendido la vela, el aire se ha calentado, y cuando un gas se calienta, se expande. Como el vaso no cierra herméticamente, el aire en expansión sale por el único sitio que puede, por la boca del vaso, y por eso algunas veces vemos burbujas de aire en el agua (aunque no siempre porque es una observación difícil).[22] Entonces, si el aire ha salido, ha dejado un espacio vacío y, por lo tanto, ha disminuido mucho la presión dentro del vaso. Como la presión del aire exterior es mayor, hace el efecto de sorber poco a poco el agua hacia arriba. Cuando la vela se apaga, la temperatura del aire que queda dentro del vaso baja muy deprisa y el aire se comprime rápidamente, de manera que el efecto de sorber aumenta y el agua sube mucho más rápido. Las gotas de agua que se forman dentro del vaso son el vapor de agua que se ha formado en la combustión y que se condensa en las paredes de cristal, que están mucho más frías.[23] Y ésta ha sido la historia.

Cuando hemos planteado este experimento a maestros en ejercicio o a estudiantes de magisterio, la consideran demasiado difícil de interpretar para los niños y niñas pero, cuando se les pide por qué, las respuestas son relativamente ambiguas: «son demasiado pequeños», «la química es difícil», «son conceptos demasiado abstractos». ¿Qué es lo que en realidad hace difícil la interpretación de esta experiencia? Como veremos en el capítulo 3, el problema no radica en que los alumnos no conocen cuáles son los protagonistas sino en que ya los conocen –o al menos, la mayoría– pero los conocen de otra manera, o quizá les falta co-

---

21. Hay que decir que la mayoría de los adultos explican así la subida de aire (de manera errónea desde el punto de vista de la ciencia), usando un modelo de cambio químico que no tiene en cuenta el principio de conservación de la cantidad de materia.

22. Si en lugar de un vaso se usa una probeta, al tener la boca en forma de pico, la burbuja que sale se ve mucho mejor. ¡Éste es un pequeño truco que en la práctica puede ser muy útil!

23. Pensemos que el aire que está a 1cm por encima de la llama de una vela puede llegar rápidamente a más de 100ºC y que, por el contrario, el cristal estará mucho más frío porque es muy mal conductor. Esta diferencia de temperatura puede ser suficiente para permitir la condensación del vapor de agua en las paredes internas del vaso.

nocer algunas de sus características. No conocerlos de nada o conocerlos de otra manera son dos cosas bien distintas. Por ejemplo, en el primer ciclo o en el segundo ciclo los niños y niñas no han trabajado el concepto de cambio químico de manera que, para ellos, la vela arde y punto. Si se apaga, es porque entra aire, que es como ellos normalmente han visto que las velas se apagan y, por lo tanto, no saben nada con relación a que la vela arde cuando se combina con el oxigeno del aire, y quizá no saben o apenas recuerdan, que el aire tiene oxígeno. Por este motivo, las explicaciones que de este fenómeno dan los niños y niñas de estas edades no usan nunca la idea de cambio químico. Éste sería un ejemplo de conocimiento que no tienen sobre uno de los protagonistas de la historia.

Un ejemplo de conocimiento que sí tienen pero que tienen diferente al de la ciencia experta tiene relación, por ejemplo, con lo que saben del protagonista-gas. El modelo inicial de gas que tienen los niños y niñas no es el de un estado de la materia que pesa y ocupa espacio sino que es el de algo que no es materia, no pesa y, por lo tanto, no se sabe si ocupa espacio. Los niños no *ven* comportarse el gas como lo observa una persona experta, y por eso le *hacen* comportarse de otra manera o, simplemente, no lo tienen en cuenta. La mayoría de niños y niñas puede ser que no *vean* que dentro del vaso hay aire. Por eso en este caso algunos niños y niñas de 1.º explicaban que lo que hace subir el aire es el viento que entra de fuera a dentro del vaso, lo cual, según ellos, es al mismo tiempo responsable de que la vela se apague. He aquí su relato, muy diferente del científico pero igualmente explicativo.

En el fondo, lo que se hace cuando se imagina una explicación científica como un relato es relacionar las acciones y hechos que se han obtenido, observando o experimentando, con los conceptos y principios teóricos que nos pueden servir para explicar los resultados. Pero estos conceptos y principios, pueden provenir tanto de las teorías científicas (cuando se conocen bien) como de las propias teorías intuitivas. Para facilitar la relación entre teoría y resultados experimentales existen otros instrumentos didácticos (como la V de Gowin), que permiten establecer de manera esquemática relaciones entre los hechos y los conocimientos teóricos que nos pueden servir para explicarlos (se puede encontrar más información sobre la V de Gowin en Izquierdo, 1994; Márquez y Solsona, 1993; Novak y Gowin, 1988).

Fijémonos en el fondo de la cuestión. Si se adopta un modelo de ciencia escolar basado en experimentos llamativos, como lo es éste, sin prestar atención a cómo el conocimiento que tienen los niños les hará interpretarlo, es probable que, cuando al cabo de unos años reencuentren el mismo problema, no lo sepan interpretar desde la mirada científica y continúen usando explicaciones intuitivas. Simplemente, porque hacer el experimento y recibir la explicación sin intentar construir por uno mismo el relato (con ayuda, evidentemente) no garantiza un nivel de comprensión más allá del conocimiento intuitivo.

Un maestro o una maestra no tendrían que escoger una experiencia porque la han encontrado en un libro o en un cursillo de formación y piensan que será interesante y atractiva para sus alumnos, sin plantearse el análisis del relato desde la perspectiva del conocimiento y de la mirada de los alumnos,[24] y sin tener en cuenta qué han entendido los alumnos en cursos anteriores (¡no sólo lo que *han trabajado* en cursos anteriores!). De nuevo, surge la importancia del proyecto curricular de área porque, de una experiencia, los alumnos podrán construir uno u otro relato (explicarla) según lo que conozcan de los protagonistas, y eso depende de lo que le hayan explicado y él haya entendido antes de esa experiencia. Volvemos a insistir, por lo tanto, en la necesidad de que haya un registro de las ideas y experiencias científicas que los niños y niñas han hecho a lo largo de su escolaridad –como la libreta de ciencias (Segalés y otros, 2011)– y que pase de un curso a otro con su propietario pues será el punto de partida para la ciencia que el alumno se encontrará en cada nuevo curso. No siempre los libros de texto tienen este nivel de coherencia.

En la ciencia experta, las explicaciones científicas sobre problemas concretos son producciones que se enmarcan en *teorías científicas*. El significado del término «teoría» en ciencia es muy diferente al uso que de él se hace de manera cotidiana, donde la palabra «teoría» es más cercana a la idea de deseo, conjetura, especulación o creencia. En ciencia, las teorías son más bien marcos conceptuales amplios formados por unos pocos principios, conceptos y/o modelos teóricos, que nos ayudan a mirar y explicar determinados conjuntos de fenómenos. Por eso, hay muy pocas teorías científicas: la teoría de la tectónica de placas, la teoría de la evolución por selección natural y la teoría atómica de la materia, son tres ejemplos.

---

24. También tendríamos que decir que un maestro no debería encontrarse nunca con un curso de formación inicial o permanente en el que se le muestren y expliquen experiencias sin que se haga ninguna referencia a cómo las comprenden los alumnos.

En el capítulo 3, hablaremos a fondo del papel de las ideas y creencias, de los conceptos y de los modelos en las teorías intuitivas (pp. 117-122), por eso ahora nos referimos al papel de los modelos en las teorías expertas, y también a los conceptos de hipótesis y de predicción que, a menudo, se prestan a confusión.

Modelos y modelización. Hipótesis y predicciones

Modelos y modelización

Un modelo es «una representación abstracta y simplificada de un sistema o fenómeno que hace explícitos y visibles sus elementos centrales y que puede ser usado para generar explicaciones y predicciones» (Schwartz y otros, 2009). Una representación cualquiera no se puede considerar un modelo porque los modelos son representaciones específicas que incluyen aspectos relacionados con el mecanismo, la causalidad y la función, y que tienen la intención de ilustrar, explicar y predecir fenómenos.

Los modelos están producidos por la capacidad que tiene la mente humana de representarse mentalmente la realidad (Carretero y Asensio, 2008). Lo modelos mentales son internos pero se pueden hacer públicos y compartidos; es decir, se pueden convertir en modelos expresados cuando se usa algún sistema de representación simbólica para externalizarlos. Los modelos expresados sirven para construir explicaciones y hacer predicciones porque siempre razonamos *con* modelos. Por lo tanto, se establece una relación dialógica entre modelo y fenómeno porque los progresivos análisis del fenómeno, las nuevas evidencias obtenidas permiten refinar el modelo en lo tocante a sus elementos, relaciones, operaciones y normas y, al mismo tiempo, nos indican las limitaciones del modelo. En todo caso, cualquier modelo que se proponga siempre ha de ser coherente con las evidencias disponibles.

Los niños y niñas, como todas las personas, también elaboran modelos mentales fruto de su capacidad de representación. Y pueden convertir estos modelos en modelos expresados elaborando dibujos, esquemas, maquetas, narraciones, etc., en los cuales representen de manera simplificada los elementos o conceptos (protagonistas) que forman parte de su explicación (acción). Por ejemplo, pueden dibujar el calor como una flecha que va de un cuerpo a otro, o piezas de dominó para representar la transmisión del sonido, o incluso usar espaguetis para representar un rayo de luz que va en línea recta y topa con un cuerpo opaco. Como en los adultos, los modelos expresados (sea una flecha, un conjunto de piezas de dominó o un espagueti) pueden ser usados para predecir y para explicar; por ejemplo, para explicar por qué detrás de un cuerpo opaco vemos una sombra.

Los modelos, por lo tanto, son un elemento clave de la actividad científica (Giere, 1998, 1999; Izquierdo y Aliberas, 2004) y por eso se tendrían que incorporar a la ciencia escolar. Esta incorporación es defendida por la mayoría de expertos pero lo cierto es que aún estamos lejos de que la formación de los maestros y la realidad de la práctica en el aula otorguen un papel importante a la modelización, como núcleo central del aprendizaje científico de los niños y niñas. Vamos a ver algunos ejemplos a continuación.

Uno de los modelos que empieza a ser usado habitualmente en las aulas de primaria (al menos en los últimos ciclos) es el modelo de partículas que servirá para explicar la estructura interna de la materia y sus diferentes estados (Acher, Arcà y Sanmartí, 2007). Según este modelo se considera que un gas lo podemos representar como un conjunto de partículas poco unidas entre ellas y que se mueven de manera continua y aleatoria; un sólido, como un conjunto de partículas muy cercanas y unidas entre ellas que sólo pueden vibrar sobre una misma posición; y un líquido, como un conjunto de partículas cercanas entre ellas pero unidas muy débilmente, de manera que pueden moverse unas respecto de las otras[25] (véase la representación del alumno en la imagen 4). Este modelo se puede utilizar para explicar la estructura de la materia, los diferentes estados, los cambios de estado, las disoluciones, la transmisión del sonido..., en definitiva, todo lo que depende de cómo está hecha la materia.

Imagen 4. Modelo de partículas usado para explicar la disolución de agua con sal en una libreta de ciencias (tercer ciclo de educación primaria). En la explicación del alumno persiste una concepción macroscópica de la materia a pesar del uso del modelo

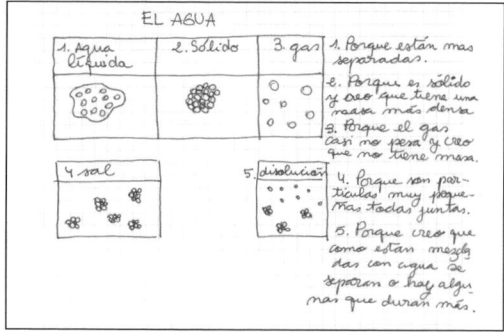

25. En realidad, la fortaleza de la unión entre partículas se debe a su proximidad.

También se han propuesto formas de modelizar los ecosistemas a partir de las especies y las condiciones ambientales que las forman, y teniendo en cuenta sobre todo, las relaciones que se dan entre unas y otras (Jurado, Martí y Segalés, 2001). También se ha propuesto el uso de maquetas para representar determinadas estructuras y procesos biológicos como las partes de la planta, los órganos de los sentidos, el aparato digestivo, etc. (Martí, 2006; Sardà y Márquez, 2008) (imagen 5).

Imagen 5. Maqueta del oído (tercer ciclo de educación primaria)

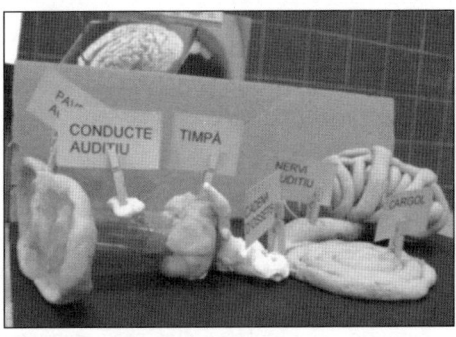

Los modelos científicos expertos suelen ser muy sofisticados y normalmente incluyen representaciones matemáticas o simbólicas complejas pero, en el fondo, tienen la misma utilidad que pueden tener los modelos más simples que se construyen y utilizan en la ciencia escolar. En ambos casos, el poder de los modelos es que hay algunos que sirven para explicar muchos fenómenos, aparentemente desconectados (véase el cuadro 13, p. 67). Imaginar y expresar modelos sólo será útil si los niños y niñas no los aprenden mecánicamente (¡ahora toca hacer modelos!), sino que se dan cuenta de que son útiles para pensar y, sobre todo, para afrontar problemas desconocidos. Así, por ejemplo, el modelo de ecosistema como una red compleja de relaciones permite reflexionar sobre los efectos de determinadas perturbaciones en la dinámica del ecosistema (Gómez, Sanmartí y Pujol, 2007; Jurado, Martí y Segalés, 2011).

Hipótesis y predicciones

Las ideas y los modelos científicos tienen la misión de explicar y de predecir, de manera que, en ciencias, a menudo se habla de hipótesis y de predicciones.

Una hipótesis es una declaración provisional (en forma de enunciado o de modelo) que se expone para explicar un hecho establecido. Una predicción, por el contrario, es una declaración en la que anticipamos qué sucederá en una situación que todavía no ha sucedido, gracias a una hipótesis o conocimiento previo. Esto último la distingue de un supuesto o un deseo porque éstos no se pueden justificar con una hipótesis o una evidencia previas.

Hipótesis y predicciones no son lo mismo pero están muy relacionadas porque, normalmente, de una hipótesis se deriva una predicción. Por ejemplo, si nuestra hipótesis es que la flotabilidad depende del material y no del peso, entonces podemos predecir que diversos trozos de corcho, aunque tengan masas diferentes, siempre flotarán.

Cuando se plantea una hipótesis no necesariamente ha de ser correcta sino que ha de ser razonable en términos de la evidencia disponible, y posible en términos de los conceptos y principios científicos que usa. El pensamiento científico es hipotético justamente porque siempre pone a prueba las explicaciones que genera.

A menudo, las hipótesis y las predicciones se confunden entre ellas en las aulas de infantil y primaria porque muchas veces se pide a los alumnos que formulen hipótesis cuando en realidad la pregunta que se les plantea les conduce a formular una predicción. Por ejemplo, cuando se hace la experiencia del tarro de vacío[26] y se les pregunta, «¿qué pasará con el globo cuando lo inflemos?», en realidad lo que se les está pidiendo es que hagan una predicción, no una hipótesis, porque lo que queremos que hagan es que anticipen un resultado. Asimismo, a veces los alumnos al responder no solamente enuncian una predicción —«el globo se inflará»—, sino que la justifican —«el globo subirá porque hemos hecho el vacío y en el vacío las cosas flotan»—, aunque estas predicciones y justificaciones estén lejos de lo que realmente sucede.

Lo importante es saber que las hipótesis aparecen en muchos momentos diferentes porque, como hemos dicho más arriba, el pensamiento científico es hipotético por naturaleza. Por este motivo, es mejor concebir las hipótesis como las ideas que se manifiestan cuando se quiere intentar explicar un acontecimiento, de manera que estarán siempre vinculadas a los conocimientos que se tienen en un determinado momento.

La naturaleza hipotética del pensamiento científico hace que sea necesario adoptar la norma según la cual una hipótesis siempre se ha de poner a prueba, y eso sig-

---

26. El tarro de vacío sirve para realizar experimentos sobre la expansión y compresión de los gases. Así, si dejamos un globo medio inflado y atado dentro del tarro, y extraemos el aire, veremos cómo se infla debido a que el aire de dentro del globo tiene menos presión externa y, por lo tanto, se puede expandir.

nifica que cualquier modelo o idea ha de ser evaluada. Hay dos criterios que nos servirán para evaluar la plausibilidad de las hipótesis que circulan por el aula: el nivel de coherencia con la evidencia, y el poder explicativo y predictivo que tengan.

Cuando decimos *todas* las ideas, queremos decir *todas* las ideas. Por eso sería necesario que las explicaciones que introducen los maestros también sean consideradas hipótesis, que muy a menudo serán alternativas a las que exponen los alumnos, y que habrá que poner a prueba como todas las otras ideas que circulen por el aula. Aceptar este principio didáctico nos puede hacer reflexionar sobre la necesidad de limitar las ideas que se exponen en el aula. Vale más pocas ideas y bien discutidas que no muchas ideas a las cuales dedicamos muy poco tiempo. La idea de que el aire hace presión hacia todas partes, por ejemplo, es una idea muy importante para comprender un gas y para explicar muchos fenómenos en los cuales intervienen los gases (el globo que se infla en el tarro de vacío, las burbujas de jabón, el globo aerostático que se infla cuando se calienta el aire, la jeringuilla que retorna a su posición original después de haber apretado el émbolo, etc.), de manera que hay que dedicarle el tiempo necesario.

Compartimos la idea de que «en las aulas, es precisamente este juego de ideas asociado a la formulación de preguntas y de hipótesis lo que enriquece la actividad intelectual de los escolares y da sentido a su educación científica» (Pujol, 2003, p. 131); y por este motivo estamos de acuerdo en que hay que promover que sean los niños y niñas los que elaboren sus propias explicaciones hipotéticas. La voluntad de formular hipótesis depende de la voluntad de buscar explicaciones (Harlen, 1998) pero muchas veces los niños y niñas no ven la necesidad de explicar cuáles son las causas de un determinado fenómeno o por qué un objeto es como es. Tienen bastante con constatar los hechos: «las plantas crecen mejor al lado de la ventana, o el libro no cae porque la mesa lo aguanta». Las ganas de buscar explicaciones se han de cultivar y requieren espacios para generar y poner a prueba las propias experiencias. Por este motivo, una unidad didáctica tendría que dejar tiempo y espacio para hacer todo esto, al mismo tiempo que habría que usar formas de organizar a los niños y niñas para que estimulen el debate y la discusión de ideas. Se trata de jugar a pensar y actuar como científicos.

No se contribuye al desarrollo de la capacidad de formulación de hipótesis cuando se plantea un trabajo en el aula en el que domina la realización de experiencias cerradas, con todos los pasos expuestos por parte del maestro, y de las que ya se conoce el resultado y las conclusiones a las que se puede llegar

(Pujol, 2003). Para darse cuenta del nivel de libertad que damos a los alumnos en las fases de una investigación –pregunta, experimentación, resultado, explicación– se puede usar una pequeña modificación de un modelo originalmente propuesto por Herron, tal como se muestra en el cuadro 20.

Cuadro 20. Niveles de autonomía de la investigación

Nivel de autonomía	QUIÉN PROPORCIONA			
	Problema	Método experimental	Conclusión	Explicación causal
0	Maestro/Libro	Maestro/Libro	Maestro/Libro	Maestro/Libro
1	Maestro/Libro	Maestro/Libro	Alumnos	Maestro/Libro
2	Maestro/Libro	Alumnos	Alumnos	Maestro/Libro
3	Alumnos	Alumnos	Alumnos	Maestro/Libro
4	Alumnos	Alumnos	Alumnos	Alumnos

Como en otros casos, lo importante no es sólo formular hipótesis en forma de ideas o de modelos, sino conocer qué papel tienen, qué significado tienen, etc.; es decir, no sólo aprender a razonar con hipótesis sino aprender a pensar *en* las hipótesis y *sobre* las hipótesis. Ser consciente de la naturaleza hipotética de las propias ideas tendría que ser una finalidad clave del aprendizaje de las ciencias.

En este sentido, algunas investigaciones han puesto de manifiesto que los niños difieren de los adultos en las estrategias que usan para formular hipótesis y en la idoneidad de las hipótesis que formulan. Los niños y niñas usan hipótesis diferentes de las de los adultos y, a menudo, llevan a cabo experimentos sin haber explicitado ninguna hipótesis previa que les oriente (Penner y Klahr, 1996). También suelen optar prioritariamente por las hipótesis que consideran plausibles desde su propio punto de vista (según su conocimiento) y las suelen utilizar más para la predicción de resultados esperados que para la predicción de resultados inesperados. A menudo, sólo consideran una hipótesis, aunque proponer más de una es una garantía mejor de éxito en una investigación (Kanari y Millar, 2004).

Igual que hemos visto con los datos y los hechos que se derivan de ellos, las ideas y los modelos también se han de evaluar y, si es preciso, revisar. Cuando el objetivo es evaluar ideas o modelos, lo que nos proponemos es observar si las propias ideas/modelos tienen suficiente capacidad explicativa y predictiva y, sobre todo, si son coherentes con la evidencia obtenida que pretenden explicar. Usamos, por lo tanto, los dos criterios que hemos citado anteriormente.

Fijémonos en que afirmamos que evaluar, en este caso, significa *observar las propias ideas*, lo cual supone convertir el propio pensamiento (las propias ideas o modelos y sus relaciones) en objetos de reflexión. Esto supone pensar sobre el propio pensamiento, que sólo se puede hacer cuando se dispone de una cierta capacidad metacognitiva. Estimular esta capacidad se puede hacer, por ejemplo, proponiendo a los alumnos que escriban por ellos mismo textos como: «yo pensaba que... pero...» o «nuestro grupo pensaba que... y hemos visto que era mejor... porque...». Dejar espacio para la reflexión sobre las propias ideas es un elemento clave de la actividad científica escolar que habría que tener muy en cuenta en la temporalización de la práctica en el aula.[27]

Algunas orientaciones para el trabajo en el aula

Enunciamos en forma de ideas generales, algunas orientaciones que consideramos que se desprenden de todo lo introducido en el presente capítulo:

- Introducir la investigación en el aula y ayudar a los alumnos a desarrollar su pensamiento científico es un proyecto curricular de la escuela y no la acción de un solo maestro o de un grupo reducido de maestros. Difícilmente adquiriremos estos objetivos sin la implicación de todos los maestros, y sin usar modelos didácticos consensuados y comunes.
- Si se consigue que, a lo largo de la etapa, los niños y niñas investiguen de diferentes maneras y, sobre todo, si se ha ayudado a que tomen conciencia de lo que están haciendo, probablemente se contribuirá a mejorar tanto su conocimiento científico como su comprensión de la naturaleza de la ciencia (esto no deja de ser una predicción pero ¡basada en la evidencia disponible!).

---

27. Otra vez el uso de las libretas de ciencias, en lugar de fichas cerradas, facilita este tipo de trabajo.

◇ Maximizar de manera progresiva el control de los propios alumnos sobre los procesos de investigación es un hito importante que un centro se ha de plantear. Al finalizar la etapa, los alumnos tendrían que ser capaces de imaginar y diseñar, implementar y revisar investigaciones en diferentes dominios para los cuales tengan una base suficiente de conocimiento, sin la cual no es posible que un niño (¡o un científico!) investiguen.

◇ El punto anterior tiene una consecuencia clara: un objetivo fundamental ha de ser mejorar el conocimiento científico de los niños y niñas de los temas sobre los cuales queremos que investiguen porque un conocimiento simple sólo conduce a investigaciones y formas de razonamiento simples. Los niños y niñas de 6 a 12 años son muy capaces de producir investigaciones sofisticadas e interesantes cuando tienen suficiente tiempo para hacerlo.

◇ (Por eso) es importante que el proyecto curricular de un centro se concentre en un número reducido de modelos e ideas científicas a las cuales se les dedica suficiente tiempo y de manera reiterada.

◇ Al finalizar la etapa, los alumnos tendrían que haber construido una visión sobre la actividad científica más compleja que la que tenían al inicio. Por este motivo, en los procesos de evaluación hay que prestar atención a estos contenidos y no sólo a los contenidos conceptuales.

◇ El proyecto curricular del área y la dinámica habitual del aula deben ser claros y coherentes con relación al papel que han de tener las preguntas, y hay que asegurarse de que los niños y niñas aprenden a hacérselas y, sobre todo, a evaluarlas.

◇ Es fundamental centrar la atención en generar espacios y actividades que favorecen las habilidades metacognitivas de los alumnos para favorecer la autorregulación y la reflexión sobre el estado del propio conocimiento.

◇ Es importante crear la necesidad y el hábito en los alumnos de utilizar modelos para explicar. Igualmente, también es importante que comprendan que las ideas científicas son provisionales y que siempre hay que ponerlas a prueba. La validez de una idea o un modelo científico no depende de la autoridad sino de su poder explicativo y de su coherencia con la evidencia disponible.

◇ El uso de estrategias de investigación en el aula supone consensuar unas reglas del juego con relación al papel que maestro, alumnos y conocimientos tienen en la dinámica de la clase. Una idea interesante en este sentido es la que proponen Lehrer y Schauble (2008), y que supone hacer encuentros semanales o quincenales de investigadores mientras dura la investigación. Estos encuentros sirven para que los diferentes grupos de niños y niñas que investigan problemas diferentes sobre un mismo tema, cooperen y regulen de manera colectiva sus procesos de investigación. Ésta es una práctica habitual entre los científicos profesionales, que puede ser útil reproducirla en la ciencia escolar.

◇ En línea con el comentario anterior, y como instrumentos que también pueden servir para favorecer una mejor comprensión de la actividad científica, sería interesante promover contextos y espacios en los que los alumnos puedan conocer y practicar las diferentes facetas de la investigación científica. Ya hemos citado repetidas veces el interés que pueden tener las libretas de ciencias, pero también se puede añadir la comunicación de las investigaciones a través de posters o de artículos científicos, o la presentación de estas investigaciones en forma de comunicaciones en congresos científicos protagonizados por los propios alumnos. Una iniciativa en este sentido es el congreso, «La ciencia hecha por los niños», que organizan conjuntamente desde 2003 la Universidad de Vic y los Servicios Educativos de Osona (Martí, 2004), en el que niños y niñas de P4 a 6.º exponen, en forma de comunicaciones orales, las investigaciones realizadas durante el curso.

En este capítulo hemos introducido una manera de concebir la investigación científica en la escuela, hemos descrito extensamente los elementos y procesos que la configuran, hemos conocido las aportaciones de la investigación educativa con relación al conocimiento que tienen los niños y niñas sobre diversas habilidades de investigación científica, y hemos dado una serie de orientaciones generales para la introducción de la investigación en la actuación en el aula.

3
Investigar
para comprender

Aprender ciencias es difícil, no debido
a algo que los alumnos no tienen, sino
a lo que sí tienen: ideas iniciales
que hay que revisar y cambiar.
(Duschl, Schweingruber y Shouse)

Antes de empezar pensemos un rato...

◅ ¿Cómo te parece que los niños y niñas construyen conocimiento sobre los fenómenos físicos y naturales de su entorno?

◅ A la pregunta, «¿cómo creéis que se nutren las plantas?», un niño de tercer ciclo contesta: «el agua de la lluvia llega al suelo y las raíces la chupan, la luz pasa por el tallo y las hojas hasta llegar a las raíces». Ante la misma pregunta, una niña de primer ciclo responde: «las plantas tienen como una boca pequeña en las raíces». La misma pregunta formulada en un aula de P5 obtiene los comentarios siguientes: «las raíces chupan comida de la tierra», «el agua, cuando riegas una planta, se va hacia la tierra y después las raíces chupan el agua. Me parece que [las plantas] se alimentan sólo de agua», «en la tierra debe de haber insectos pequeños y gusanos, que es lo que comen las plantas. Las hojas, por detrás, tienen una boca y, cuando chupan con la boca, la comida sube desde las raíces».

¡No hay muchas diferencias entre unas respuestas y otras! ¿Cómo interpretas esta situación?

Tal como se ha dicho en el capítulo anterior, la actividad científica se desarrolla en dos ámbitos: la obtención de datos y la explicación teórica. Las investigaciones abiertas en las que los niños y niñas construyen hechos científicos a partir de los datos obtenidos en sus observaciones o experimentos, quedarían incompletas si no fueran acompañadas, en un momento u otro, por periodos dedicados a la construcción de explicaciones sobre los hechos establecidos. No obstante, saber explicar científicamente un fenómeno no es nada fácil para los alumnos y por eso, partiendo de lo que ya se ha introducido en el capítulo anterior sobre la construcción de explicaciones, este capítulo lo dedicamos a exponer las razones que explican las dificultades que tienen los niños y niñas para construir modelos explicativos cercanos a los modelos expertos sobre determinados hechos científicos. Nos situamos pues en la dimensión más conceptual del aprendizaje científico.

En la educación primaria muchas veces se ha menospreciado esta dimensión y, a menudo, se ha asumido o bien que la construcción conceptual no ha de ser una prioridad de la etapa, o bien que la observación y la experimentación conducirán sin problemas a la construcción de los conceptos y principios científicos implicados en la comprensión de un determinado fenómeno. Según los planteamientos didácticos actuales, ninguna de estas asunciones es aceptable en el momento de pensar el estilo que tendrá que adoptar la ciencia escolar.

El hecho de considerar importantes las ideas de los alumnos en la construcción de conocimiento conceptual genera algunos interrogantes que todavía no se pueden considerar cerrados: ¿qué tipo de conocimiento científico pueden construir los niños y niñas a lo largo de la educación primaria?, ¿a través de qué procesos cognitivos? Además, plantea un nuevo problema, que es el de determinar cuál es el conocimiento de la materia que necesitan los maestros, aspecto que no es tan preocupante cuando el enfoque se centra en el aprendizaje de los procedimientos. En este sentido, Alexander afirma: «El énfasis en el procedimiento y no en el concepto, en el cómo más que en el qué, en el aprender a aprender más que en el aprender algo, evita debatir sobre el contenido del aprendizaje y sobre la experiencia de los docentes» (Alexander, 1992, citado en Osborne y Simon, 1996). Si se da una importancia real a los conceptos y teorías, el panorama cambia y se hace evidente que los maestros han de tener un dominio del conocimiento conceptual sobre el que trabajan con sus alumnos, pero también han de conocer y saber gestionar el pensamiento científico de los niños y niñas con relación a unos determinados fenómenos.

La idea clave que queremos remarcar en este capítulo es que, en realidad, no hay un conocimiento *que enseñar* sino que hay un conocimiento *que desarrollar*. Tal como dice la cita que encabeza el presente capítulo, la dificultad del aprendizaje científico no proviene del conocimiento que los alumnos no tienen sino del conocimiento que sí tienen. Esto nos obliga a cambiar el punto de vista y situar los conceptos y los modelos explicativos de los niños como el punto de partida y la materia primera con la que hay que trabajar en el aula, al mismo tiempo que resitúa los modelos explicativos expertos en un papel de referente para los maestros y de destino final del proceso de evolución del conocimiento infantil (véase el cuadro 3 de la p. 41). Este destino no se adquiere fácilmente, como todos los maestros saben, y en la mayoría de casos sólo se consigue de una manera gradual y relativamente lenta. Tener muy claro que el camino es lento y gradual tendría que empujar a instaurar modelos e instrumentos de coordinación pedagógica en el interior del área y a lo largo de toda la etapa mucho más amplios y eficaces que los actuales.

¿Por qué es importante plantearse cómo se aprende?

Como maestros, puede ser que algunas veces nos hayamos encontrado diciendo o pensando cosas como: «mis alumnos de 3º no lo sabrán...», o «este concepto es demasiado difícil y abstracto y ya lo aprenderán más adelante cuando estén preparados», o «son demasiado pequeños para este tipo de actividad», o «les faltan conocimientos para...». Todas estas afirmaciones se hacen siempre, aunque uno mismo no sea explícitamente consciente, basándose en alguna teoría sobre el aprendizaje que permite justificarlas.

En la enseñanza de las ciencias en la educación primaria a menudo parece como si se partiera de un principio general según el cual los alumnos en esta etapa no pueden hacer ciertas cosas, o no tienen, ni pueden adquirir, ciertos conocimientos de manera que, para actuar, los maestros se guían más por lo que supuestamente los alumnos no pueden hacer o aprender, que por explorar qué son capaces de hacer o de aprender en determinadas situaciones y con determinados soportes. Probablemente este principio de actuación deriva de la creencia de que los niños y niñas de primaria tienen unas capacidades limitadas para el pensamiento científico y para la comprensión de ciertos conceptos científicos.

Ya hace unos años, la psicóloga K.E. Metz (1995) reflexionó sobre esta situación y señaló tres concepciones ampliamente reconocidas entre los maestros norteamericanos, que hacen referencia a las capacidades de los niños y niñas de 6 a 12 años:

◇ Los niños de primaria son pensadores concretos y no abstractos.

⚬ Dan sentido al mundo, sobre todo a través de procesos de ordenación y clasificación de objetos y relaciones, y no con explicaciones o interpretaciones teóricas.

⚬ No pueden usar la planificación de experimentos para desarrollar sus ideas.

Estas reflexiones de Metz probablemente están vigentes todavía y no son exclusivas de los maestros norteamericanos. Tal como se afirma en el informe *Taking science to school* (National Research Council, 2007): «La enseñanza de las ciencias en la educación primaria a menudo ha asumido que el desarrollo es como una especie de despliegue inevitable, y que simplemente hay que esperar a que los niños y niñas estén cognitivamente preparados para contenidos más abstractos y teóricos», es decir, «[que] siguiendo el proceso de maduración según la edad, los niños y niñas adquirirán ciertos hitos cognitivos de manera natural, con poca intervención de los adultos»; por eso, concluyen que «buena parte de la enseñanza de las ciencias actual se basa en asunciones anticuadas sobre la naturaleza del desarrollo cognitivo y sobre el aprendizaje, y eso conduce a una enseñanza de las ciencias por debajo de lo óptimo posible».

Cada maestro (y cualquier persona aunque no sea maestro) tiene sus propias representaciones sobre la mente infantil, y sobre lo que permite que los niños y niñas aprendan (Pozo y otros, 2006; Strauss y Shilony, 2002). Estas representaciones son producto del conocimiento intuitivo que todo maestro tiene con relación a los procesos de enseñanza y aprendizaje –en general, o de las ciencias en particular– que, a su vez, deriva de la experiencia adquirida como alumnos y como docentes, y de los elementos de conocimiento experto que se han ido integrando de una manera más o menos coherente en el conjunto de esquemas y creencias iniciales, fruto de los procesos formales de formación. Dos ejemplos de creencias ampliamente compartidas sobre el aprendizaje son que «los niños y niñas construyen conocimiento a través de lo que ven; por lo tanto, si se guían a través de la vista, es más fácil que puedan aprender», y que «los niños construyen el conocimiento a través de lo que ven y experimentan; a través de su entorno, de investigar cosas y ponerlas en práctica, de la misma manera que pueden construir conocimiento a partir de lo que oyen o escuchan, tanto en casa como en la calle y en la escuela».

Entre los maestros (en ejercicio o en formación inicial) predominan concepciones sobre el aprendizaje de carácter empirista –el conocimiento proviene de los sentidos– y que se corresponden con lo que los estudios que investigan estos temas identifican como teorías directas y teorías interpretativas del aprendizaje (para profundizar en estos estudios se puede consultar Pozo y otros, 2006). Estas teorías intuitivas sobre el aprendizaje, normalmente, no consideran que éste sea un proceso de construcción del individuo. Más bien, asumen que básicamente se trata de un proceso de recepción de información externa, ya sea a través de los sentidos o a través de la información transmitida.

Seguramente, esto es lo que hace más difícil responder a la segunda pregunta que planteábamos al inicio de este apartado sobre las explicaciones de los niños y niñas con relación a la nutrición de las plantas, y que quizá se haya respondido con argumentos como «el conocimiento no es adecuado» o «los niños no están preparados». Si lo pensamos bien, estos argumentos no explican el hecho de que las respuestas de los niños y niñas de diferentes cursos sean muy similares y siempre se basen en una especie de analogía entre la nutrición de las plantas y la nutrición humana, según la cual las plantas comen por las raíces como las personas comen por la boca. Necesitamos otro tipo de interpretación que no reduzca el problema a una cuestión simplemente relacionada con la edad o la madurez.

Como es bien sabido, la psicología actual ha adoptado las teorías constructivistas como marco teórico de referencia para interpretar el aprendizaje. Estas teorías no implican sólo pensar que los procesos o los conocimientos previos influyen en el aprendizaje, sino que también suponen asumir que el conocimiento es una (re)construcción que no se corresponde de manera directa ni unívoca con la realidad, que diferentes personas pueden dar significados diferentes a una misma información externa, que la observación y la experimentación directas no son el único elemento que interviene en el aprendizaje, y que la adquisición de conocimiento implica necesariamente una transformación del propio conocimiento. Los estudios de Pozo y otros (2006) llevan a concluir que parece como si muchos docentes asimilaran el discurso constructivista en la propia teoría intuitiva, de manera que, por un lado, consideran que los conocimientos previos, la motivación, el grado de desarrollo cognitivo explican por qué un alumno no aprende una determinada información nueva y, por otro lado, aceptan que sin actividad del alumno no hay aprendizaje, pero que éste tiene un carácter eminentemente reproductivo.

Otro de los aspectos que la investigación ha puesto de manifiesto es la importancia de los tipos de experiencias de aprendizaje que los maestros proponen a los alumnos. Si relacionamos esta idea con lo que hemos dicho hasta ahora, fácilmente podemos deducir que el hecho de asumir unos u otros presupuestos sobre el aprendizaje de las ciencias no será independiente de las actividades que los maestros plantean y, por lo tanto, si se adopta, aunque sea inconscientemente, una concepción empirista y directa del aprendizaje, se diseñarán unas actividades y unos entornos de aprendizaje diferentes a si se adopta, en todas sus consecuencias, una concepción claramente constructivista. Así por ejemplo, desde una visión empirista de la adquisición de conocimiento es fácil que se opte por un enfoque muy manipulativo, proporcionando muchas observaciones y experiencias a los alumnos, y pensando que el conocimiento conceptual necesario para interpretarlas se podrá construir directamente de las observaciones, o bien el maestro lo podrá introducir posteriormente vía transmisión de información.

En contraste con el pensamiento mayoritario entre los maestros sobre el aprendizaje, una de las ideas centrales que ha aportado la investigación es que los niños y niñas son, en realidad, pensadores teóricos y, por lo tanto, generan teorías y piensan a través de teorías. Esto supone que, lejos de implicarlos sólo en la manipulación, también los hemos de implicar en procesos de desarrollo de su razonamiento teórico. Hacer eso, como se verá a lo largo de este capítulo, es absolutamente necesario porque las teorías iniciales de los niños y niñas son muy diferentes a las teorías científicas que se quieren enseñar (Carey, 2000).

En consecuencia, es necesario que cada uno revise sus propias concepciones con relación al aprendizaje porque de eso depende en buena medida el tipo de experiencias de aprendizaje científico con el que se encontrarán los niños y niñas en las aulas.

La construcción de conocimiento en dominios específicos

Con relación a la investigación sobre el conocimiento infantil, Wellman y Gelman afirmaban: «Hasta hace poco, a pesar de todo, el foco raramente ha sido el conocimiento infantil por él mismo. Más bien, los teóricos han propuesto que examinar el conocimiento proporcionaría una ventana sobre procesos y estructuras más fundamentales y de dominio general que los niños usan, como la categorización, la memoria, la lógica. La investigación de Piaget personifica esta aproximación. Proporcionó algunos de los relatos más fascinantes sobre el conocimiento precoz de los niños pero desautorizó cualquier interés en el *nivel superficial*, es decir, en el conocimiento en él mismo» (Wellman y Gelman, 1998, p. 523. La cursiva es del autor).

En el momento en que esto se publicó, a finales de los años noventa, ya se había ido consolidando un interés por el conocimiento infantil en él mismo, tanto en la psicología como en la didáctica. Interés que proviene de diferentes líneas de investigación. Por un lado proviene del movimiento de las concepciones alternativas (inicialmente llamado *misconceptions*), que aparece en los años ochenta en el ámbito de la didáctica de las ciencias (Driver, Guesne y Tiberghien, 1989; Driver y otros, 1999; Osborne y Freyberg, 1995). Este movimiento estableció algunas conclusiones muy importantes como que las ideas científicas de los niños y niñas son muy resistentes al cambio y que había que plantearse nuevos enfoques metodológicos que tuvieran en cuenta «que el conocimiento es fruto de una construcción personal y social más que de una transmisión objetiva; que las teorías son provisionales, no absolutas; que el aprendiz está activamente implicado en la construcción de significado aportando sus propias ideas e interpretaciones; que el aprendizaje es un proceso que tiene lugar cuando las ideas de los niños interactúan con la realidad y con las ideas de los otros, de manera que se pueden modificar, ampliar o cambiar; y que el currículo es un conjunto de experiencias de aprendizaje que permiten que todo esto suceda» (Millar y Driver, 1987). Como afirma Adey, el movimiento de las concepciones alternativas puso sobre el tapete de una manera definitiva que «la idea de que los maestros no pueden simplemente transmitir información y que los alumnos no pueden simplemente descubrir la ciencia por ellos mismos, son dos afirmaciones consensuadas en la enseñanza de las ciencias» (Adey, 2001, p. 46).

Situados en el terreno de la psicología del desarrollo cognitivo, el interés se manifiesta en los estudios sobre las teorías intuitivas de los niños. Estos estudios plantean la idea de que los conceptos que construimos desde pequeños están integrados en teorías, las cuales dan forma a las maneras intuitivas de pensar e interpretar el mundo (Rodrigo, Rodríguez y Marrero, 1993). Estas teorías infantiles no tienen un carácter general sino que son de dominio específico y, por lo tanto, son diferentes según los diversos ámbitos de problemas. Se trata de una tradición que entronca con una visión más heterogénea y menos generalista de la mente humana, según la cual la mente dispone de diversos sistemas de cognición destinados a procesar y a representar diferentes tipos de información específica (Pozo, 2001).

Como que el contenido de estas teorías intuitivas suele ser diferente al de las teorías científicas, también se han realizado muchos estudios para explicar los cambios en el conocimiento infantil. Estos estudios han dado lugar a modelos teóricos sobre el cambio conceptual, que analizan cómo cambian en el tiempo tanto los contenidos de las teorías iniciales –en forma de conceptos, ideas, creencias o modelos– como las formas más generales de razonamiento científico (Vosniadou, 2008).

En los próximos subapartados ampliaremos un poco más, desde un punto de vista general y sin profundizar en ejemplos temáticos concretos, los planteamientos actuales con relación a las teorías intuitivas y el cambio conceptual. En el capítulo 4, expondremos más concretamente las características del conocimiento infantil con relación a los seres vivos y a la estructura de la materia (pp. 131-148).

La idea del dominio específico y las teorías intuitivas

El concepto de *dominio* ha sido definido de la siguiente manera: «Desde el punto de vista de la mente del niño, un dominio es el conjunto de representaciones que sostiene en un área específica de conocimiento: el lenguaje, el número, la física, etc.» (Karmiloff-Smith, 1994, p. 23). Y de una manera más amplia se le ha descrito como «un conjunto de conocimientos que identifica e interpreta una clase de fenómenos que, supuestamente, comparten ciertas propiedades y son de un tipo definido y general. Un dominio funciona como una respuesta estable a un conjunto de problemas complejos y recurrentes que el individuo afronta. Esta respuesta implica procesos perceptivos, de codificación, evocación e inferenciales que son de difícil acceso y están dedicados a la solución de estos problemas» (Hirschfeld y Gelman, 2002).

Según la revisión que hacen Wellman y Gelman (1998) y que nos servirá de guía en este apartado, hay tres sistemas de conocimiento, o dominios, que son especialmente importantes en la comprensión humana y que hacen referencia a la comprensión del comportamiento de los objetos físicos –que da lugar a una física intuitiva–, de los agentes intencionales –que da lugar a una psicología intuitiva–, y de los seres vivos –que da lugar a una biología intuitiva–.

A pesar de que por los nombres lo parece, no hemos de confundir el concepto de *dominio específico* con el concepto de *disciplina científica*, aunque obviamente tengan relación. Desde nuestro punto de vista, una de las diferencias clave es que no todas las entidades, fenómenos y problemas que constituyen una disciplina —sea la física, la biología o la psicología— aparecen como tales en la idea de dominio, entendida desde la perspectiva del conocimiento inicial de los niños. Así por ejemplo, las plantas no siempre son consideradas seres vivos por los niños y niñas, de manera que el concepto de ser vivo en la biología intuitiva no es el mismo que en la biología experta (Carey, 1985), y éste es el núcleo de los problemas que afrontamos en la escuela.

Que se haga hincapié en la importancia de reconocer la existencia de dominios específicos de conocimiento no supone obviar la existencia de capacidades de dominio general. Más bien, lo que se quiere es remarcar el hecho de que, ahora mismo, hay suficientes evidencias empíricas para aceptar que el conocimiento es más compartimentado y de dominio específico de lo que se pensaba y que, por ejemplo, el conocimiento y las formas de razonar sobre los objetos físicos no se sobreponen al conocimiento y las formas de razonar sobre el mundo de las personas como agentes intencionales, o sobre el mundo de los seres vivos. Por lo tanto, la transferencia de conocimiento de un dominio a otro probablemente no es tan simple como a menudo se piensa.

Si nos planteamos por qué existe este conocimiento intuitivo tan precoz, la respuesta la encontraremos en los enfoques evolucionistas de la cognición humana. Muchos biólogos y psicólogos han adoptado esta perspectiva. Desde la psicología se considera que «el sistema cognitivo humano opera para optimizar la adaptación de los individuos al medio. Un elemento clave es el conocimiento del entorno porque conocer sus características permite actuar, hacer predicciones, resolver problemas, en definitiva, sobrevivir» (Carretero y Asensio, 2008, p. 62).

Entre los biólogos nos encontramos con la opinión de Ernst Mayr que afirma que para la supervivencia de los humanos sólo hay una parte del mundo importante, que es el mundo perceptible —el mesocosmos—, del que generamos conocimiento desde el nacimiento. Mayr contrasta este conocimiento con el que ha aportado la ciencia contemporánea y que ha permitido mejorar nuestra comprensión del macrocosmos y del microcosmos, que no son el mundo real que los humanos perciben. En sus palabras:

A pesar de que los instrumentos diseñados por físicos e ingenieros nos han permitido el acceso al fascinante mundo subatómico y transgaláctico, ninguno de estos mundos forma parte de nuestro mundo sensorial normal y, por lo tanto, contribuye a nuestro realismo de sentido común. Conocerlos no es esencial para nuestra supervivencia. (Mayr, 1998, p. 92)

En una línea similar se expresa el neuropsicólogo Daniel T. Willingham, cuando afirma que «el cerebro no está diseñado para reflexionar, sino para evitar tener que reflexionar» (Willingham, 2011, p. 17).

Si consideramos juntas las reflexiones de Mayr y de Willingham sobre el papel del conocimiento científico, y las aportaciones de la psicología sobre la existencia del conocimiento intuitivo infantil, y lo llevamos al terreno de la ciencia escolar, podemos considerar que la ciencia escolar siempre supondrá un cierto grado de confrontación entre ambas formas de conocimiento: el *conocimiento intuitivo* –fácil de adquirir, fruto de la percepción y la información proveniente del entorno, condicionado por principios teóricos implícitos, explicativo, cotidiano, compartido–, y el *conocimiento científico* –explícito, fruto de la investigación sistemática, difícil de adquirir, con mucho más poder explicativo, que contrasta continuamente la teoría y las evidencias disponibles–. La confrontación se da porque ambos explican en buena medida los mismos fenómenos, aunque de formas muy diferentes, y por eso adquirir conocimiento significa siempre un proceso de cambio conceptual (cuadro 21).

Cuadro 21. Conocimiento intuitivo *versus* conocimiento científico

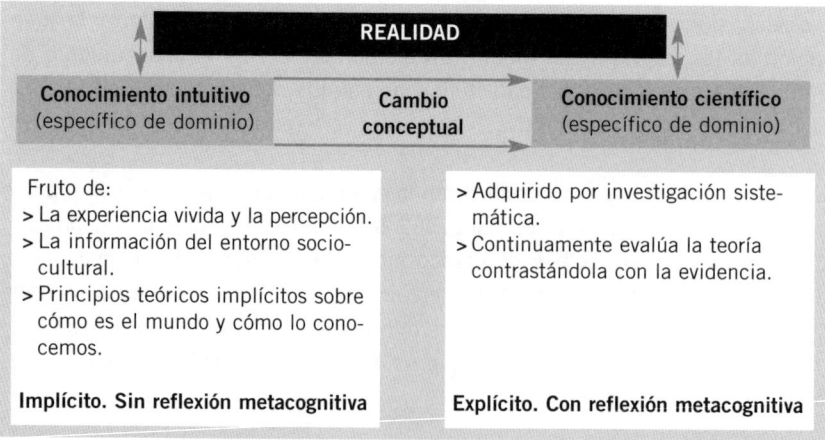

¿Qué caracteriza y configura el conocimiento en un determinado dominio? Según Wellman y Gelman (1998), los dominios se pueden caracterizar porque son diferentes ontológicamente, ya que la mente divide el mundo en diversas *categorías ontológicas* –estados mentales, objetos físicos, seres vivos–. Cada una de estas categorías está pensada a través de ciertos *modelos de razonamiento causal* y de ciertos *constructos teóricos abstractos* propios de cada dominio –por ejemplo, estados de ánimo para la conducta de las personas, fuerza vital para la nutrición de los animales–. Todo junto da lugar a *teorías* más o menos organizadas y relativamente coherentes, que siempre son de carácter implícito, y que son lo que posibilita y al mismo tiempo restringe, el conocimiento en un determinado dominio.

Para Wellman y Gelman, esta visión del conocimiento de dominio específico como conocimiento teórico tiene consecuencias muy radicales sobre las representaciones que normalmente nos habíamos hecho con relación al pensamiento infantil. Los autores opinan que ya no se puede considerar que las categorizaciones ontológicas, los modelos de causalidad y el uso de entidades no observables son adquisiciones tardías en el desarrollo, sino que más bien son contribuciones muy tempranas en el desarrollo del conocimiento, al menos en los dominios citados anteriormente. Vamos a ver el papel de cada uno de los tres elementos que conforman el conocimiento intuitivo infantil: las *categorías ontológicas*, los *modelos de causalidad* y el uso de *entidades no observables*.

Con relación a la diferenciación ontológica, parece claro que los niños distinguen al menos tres grandes categorías ontológicas[28] –los objetos físicos, los agentes intencionales y los seres vivos–, y aplican razonamientos diferentes a cada una de estas categorías. Así por ejemplo, los niños y niñas saben que los pensamientos no se pueden tocar, no porque estén lejos o escondidos, sino porque no tienen esta propiedad ya que son cosas diferentes a los objetos físicos que, por el contrario, sí que se pueden tocar. Por eso Wellman y Gelman (1998, p. 556) comentan: «Uno de los hallazgos más intrigantes de la investigación en este ámbito es la existencia, desde muy pequeños, de distinciones ontológicas parecidas a las de los adultos. Los niños de 4-5 años, o los bebés de pocos meses, distinguen animado de inanimado, objetos sólidos de acontecimientos, mental de físico».

---

28. Como veremos más adelante, Chi propone una forma ligeramente diferente de enumerar las categorías ontológicas.

Las divisiones ontológicas que hacen los niños y niñas son la forma en que esculpen y se representan el mundo, y su razonamiento está orientado a partir de estas distinciones. La categorización ontológica es muy importante para la comprensión del mundo, porque equivocarse en la categoría ontológica a la cual se asigna un objeto o fenómeno supone cometer un error, no una simple falsedad. Por ejemplo, decir que el corcho es más pesado que el oro es falso pero decir que una idea es más pesada que el oro no es ni cierto ni falso, es simplemente un error porque las ideas no son el tipo de cosa que puede ser pesado o ligero, excepto cuando se habla metafóricamente.[29]

La evolución del conocimiento científico ha hecho emerger nuevas categorías ontológicas. Por ejemplo, a diferencia del conocimiento intuitivo que sustancializa[30] el calor, el sonido, la luz y las fuerzas, el conocimiento científico los considera como procesos o interacciones.

En primer lugar, hemos dicho que los diferentes dominios de conocimiento contienen ciertos tipos de explicaciones causales. Wellman y Gelman (1998, p. 555) afirman: «La causalidad es un elemento primitivo en el desarrollo, que emerge pronto, y que influye en la categorización y la adquisición de conocimiento». En sus conversaciones habituales los niños y niñas invocan rápidamente al razonamiento causal. Incluso suelen ser más deterministas que los adultos porque esperan que todos los acontecimientos tengan una causa específica.[31]

El razonamiento infantil sobre la magia, por ejemplo, sugiere que los niños y niñas son *buscadores de causas*, ya que si aceptaran más fácilmente la no causalidad (o al menos la incertidumbre en la causalidad) no tendrían que apelar tan frecuentemente a la magia para explicar algunos fenómenos para los cuales no sabemos identificar una causa clara. Los niños saben que el funcionamiento de un interruptor tiene una causa física, mecánica, aunque no la comprendan; por el contrario, una moneda que sale de dentro de una oreja parece fuera del realismo de los acontecimientos físicos y de las causas físicas posibles. Por eso, ahora po-

---

29. En el fondo, una metáfora no deja de ser un juego mental en el cual se ultrapasan, con plena conciencia, los límites de los atributos propios de una cierta categoría ontológica.

30. Aquí utilizamos el término «sustancializar» para referirnos al hecho de considerar algo como si fuera una sustancia, aunque no necesariamente comporta considerar que ese algo está hecho de materia.

31. Quizá de aquí viene la insistencia de los niños en el *por qué*, que comparten con los científicos.

demos decir que los alumnos distinguen de manera intuitiva lo que *no saben* explicar de lo que *no se puede* explicar (¡lo que es mágico!) y saben, aunque ellos las ignoren, que todos los fenómenos naturales tienen causas. Apelar a la magia es una manera de dejar en suspenso la investigación de una causa natural.

En definitiva, el hecho de esperar que los acontecimientos generalmente tengan causas es una predisposición de la mente, un sesgo cognitivo, que aparece incluso cuando los niños y niñas tienen un conocimiento escaso de las causas particulares de un determinado fenómeno.

Un segundo elemento que conforma el conocimiento de dominio específico es el uso de entidades conceptuales no observables, propias de aquel dominio. En los dominios citados –física, psicología y biología–, cuando los niños buscan comprender y explicar, no simplemente explican sobre acontecimientos en términos de factores perceptibles, sino que lo hacen en términos de constructos y procesos no observables –esencias, partículas invisibles, estados mentales, fuerzas vitales–. Wellman y Gelman (1998, p. 557) afirman: «Una implicación muy importante de esta apelación precoz [de los niños] a las entidades no observables es que, como han argumentado recientemente Simons y Keil, el razonamiento infantil puede muchas veces no ir de lo concreto a lo abstracto, tal como se asume habitualmente, sino de lo abstracto a lo concreto, o de lo general a lo específico». Para Wellman y Gelman, en los dominios para los cuales ciertas comprensiones nucleares están disponibles muy precozmente, el cambio se daría de lo abstracto a lo concreto y, en cambio, se daría en la dirección contraria en los dominios que son absolutamente de nueva adquisición como por ejemplo, jugar al ajedrez.

Según esto, hemos de tener en cuenta que la ciencia no es siempre nueva, a diferencia de jugar al ajedrez, porque mucho conocimiento científico hace referencia a los mismos dominios intuitivos que ya funcionan desde pequeños. Así pues, para muchos fenómenos científicos los niños y niñas tienen explicaciones generales que la enseñanza tendrá que hacer cada vez más concretos.

Resumiendo lo que hemos dicho hasta ahora, se pueden distinguir al menos tres dominios de conocimiento intuitivo infantil: físico, psicológico y biológico. Cada dominio de conocimiento se genera por la capacidad de los niños y niñas de establecer distinciones ontológicas, y cada dominio contiene modelos de explicación causal y entidades no observables abstractas que los niños y niñas usan para explicar.

Las teorías intuitivas

Con relación a la caracterización de este conocimiento intuitivo, hay diferentes posicionamientos teóricos, de los cuales destacamos el que lo concibe como un conjunto de conocimientos fragmentados (Di Sessa, 2008), y el que lo concibe como un conjunto de conocimientos que se organiza conformando teorías específicas[32] (Carey, 1985; Rodrigo, Rodríguez y Marrero, 1993; Vosniadou, 1994). En esta obra tomamos de referencia esta segunda perspectiva que describimos brevemente en los párrafos siguientes.

Diversos autores (Brewer, 2008; Carey, 1985; Gopnik, 2009; Karmiloff-Smith, 1994; Vosniadou, 1994) han defendido que los niños organizan su conocimiento en forma de estructuras conceptuales de carácter teórico, y no sólo como conjuntos de conocimientos factuales aislados. Estas teorías serían abstractas, tendrían un cierto grado de coherencia interna, se aplicarían a determinadas entidades/fenómenos (y no a otros) y, como ya se ha dicho, contendrían mecanismos explicativos causales específicos y, también, entidades teóricas de naturaleza abstracta. Como estructuras teóricas que son, permiten predecir e interpretar nuevas evidencias e informaciones referidas a las entidades y/o fenómenos propios del dominio.

Desde un punto de vista educativo, estas teorías intuitivas no se tendrían que entender como un obstáculo o una dificultad que hay que superar sino que se tendrían que ver más bien como una posibilidad, porque desde su conocimiento intuitivo inicial los niños y niñas construirán nuevo conocimiento. Sin embargo, también hay que contemplarlas como una restricción o limitación porque este conocimiento infantil inicial también tiene el efecto de condicionar la construcción de nuevos conocimientos. Por lo tanto, las teorías intuitivas iniciales de los alumnos son, al mismo tiempo, una posibilidad y una limitación.

Si asumimos que el conocimiento infantil se organiza teóricamente, entonces tendremos que admitir que los conceptos infantiles –por ejemplo, los conceptos de Tierra, de planta, de peso o de fuerza– no se presentan de manera aislada sino que forman parte de estructuras teóricas, aunque se trate de teorías simples poco coherentes e implícitas. Así pues, la mayoría de veces el cambio conceptual no es el

---

32. Se trata de un debate abierto que habría que seguir de cerca.

cambio puntual en el significado de un concepto, sino que a menudo comporta un cambio más amplio. Por eso el cambio conceptual no es fácil, y parece claro que la enseñanza explícitamente dirigida a promoverlo se convierte en un elemento clave. En este sentido, Carey (2000) afirma que «[la enseñanza explícita] es el motor que impulsa el desarrollo conceptual». En otras palabras: el cambio conceptual no se dará de manera espontánea. Entonces, ¿cómo tiene lugar el cambio conceptual?

Mecanismos que intervienen en el proceso de cambio conceptual

Inicialmente, la idea de cambio conceptual se puede asociar sólo a un proceso de cambio en el significado de los conceptos. Si se entiende que los conceptos son representaciones mentales que corresponden (*grosso modo*) a palabras, el cambio conceptual se produciría por procesos mentales que crean y alteran estas representaciones mentales (Thagard, 2008). Se trataría de un proceso que se produce tanto en la ciencia experta –buena parte del cambio en la historia del conocimiento científico se ha producido por procesos de cambio conceptual (Mayr, 2006)– como en el aprendizaje de las ciencias.

La existencia de conceptos con significados particulares en el conocimiento intuitivo infantil hace que también nos tengamos que plantear el cambio conceptual en el caso de la ciencia escolar. Por eso, se han propuesto una serie de mecanismos generales de cambio conceptual que se resumen en el cuadro 25, y que hacen referencia a mecanismos de cambio que implican conceptos aislados. Más adelante, veremos que hay que ampliar la idea de cambio conceptual, y más allá de referirse sólo a conceptos aislados también lo hemos de usar para referirnos a cambios más profundos en los elementos y principios que configuran las teorías intuitivas de los niños.

Para que el cambio conceptual tenga lugar, hay que adquirir nueva información. No obstante, está bastante claro que la simple recepción de nueva información no es suficiente para que se ponga en marcha un proceso de cambio conceptual. Esto puede servir para entender el fracaso generalizado de la enseñanza tradicional o del aprendizaje por descubrimiento, con relación a la comprensión de ciertas ideas científicas para una gran mayoría de alumnos. Cada vez es más evidente, por lo tanto, que los maestros han de comprender cómo piensan los niños y niñas para poder trabajar *con* y *desde* este conocimiento infantil.

Cuadro 22. Mecanismos de cambio conceptual referidos a conceptos aislados (a partir de Carey [2000] y del National Research Council [2007])

MECANISMO	EJEMPLOS
1. Se elabora el nuevo concepto encima de de una estructura conceptual ya existente. En este caso se incorporan nuevos subtipos o supertipos, o nuevas partes o propiedades, a conceptos bien conocidos que forman parte de la estructura conceptual inicial.	> Aprender nuevos tipos de animales, o subtipos (razas) de perros. En ningún caso implica modificar de manera sustancial los conceptos iniciales de animal o de perro. > Aprender que el concepto *mamífero* incluye osos, leones y gatos.
2. *Diferenciación conceptual:* aparece cuando la nueva teoría usa dos conceptos diferentes a diferencia de la teoría inicial que sólo usaba uno. En la diferenciación conceptual el concepto inicial es contemplado como incoherente desde la perspectiva de la nueva teoría, y no juega ningún papel.	> Un ejemplo es el caso del concepto *no vivo*. En un principio, los niños y niñas tienen un solo concepto y no distinguen los conceptos de *muerte, no real* o *inanimado*. Posteriormente, el concepto de *no vivo* se diferencia y se separa en *muerto, no real* o *inanimado*, cada uno con un significado propio y preciso (Carey, 1985).
3. *Fusión conceptual:* la nueva teoría introduce un nuevo concepto que es fruto de la unión de conceptos considerados diferentes en la teoría inicial.	> Por ejemplo, cuando inicialmente se ven los sólidos y los líquidos completamente diferentes del aire, mientras que después (según el modelo científico) se contemplan los tres como diferentes estados de la materia. > Cuando el estado de reposo de un objeto es visto inicialmente como un estado opuesto al del movimiento del objeto, mientras que posteriormente (según el modelo científico) los dos son vistos como estados no acelerados que resultan de un equilibrio de fuerzas.
4. Se modifican las características que se consideran centrales o periféricas de un determinado concepto.	> Por ejemplo, cuando al formar el concepto de ser vivo el atributo de movimiento autónomo, que inicialmente es muy central (la mayoría de niños y niñas pequeños se refieren a ello), pasa a ser más periférico, ocupando la centralidad otros atributos, como tener ciclo vital, nutrirse o actuar persiguiendo un objetivo.

El fracaso en el aprendizaje conceptual parece que también puede relacionarse con si se apoya o no el desarrollo de las capacidades metacognitivas, porque una capacidad metacognitiva más rica permite a los niños y niñas identificar y describir diferentes fuentes de problemas en sus propias ideas. Las estrategias didácticas que incorporan elementos metacognitivos se muestran más útiles porque crean situaciones que permiten pasar del modelo *reproducir conocimiento*, al modelo *examinar las propias ideas y las ideas de los demás* (Sinatra y Pintrich, 2003).

En un proceso de cambio conceptual el objetivo no tendría que ser sustituir el modelo intuitivo por el modelo experto lo cual, por otro lado, se ha visto que es imposible en muchos casos. Más bien hay que saber ayudar a usar cada uno de los modelos según el contexto en el que nos situamos (Pozo y Flores, 2007).

Como veremos de manera más detenida en los próximos apartados, hay que tener claro que hay casos en los que el cambio conceptual es un cambio débil y fácil, y en otros, es un cambio más radical y más difícil de llevar a cabo. Tener esto claro tendría que ayudar a los maestros a elaborar el proyecto curricular del área, y a dedicar más tiempo a los conceptos e ideas que ahora mismo ya sabemos que son difíciles de cambiar. En el capítulo 4 ampliaremos este aspecto.

Lo que hemos ido afirmando a lo largo de este apartado es que en el caso de los alumnos, igual que en el caso de la ciencia, hemos de partir del hecho de que los niños tienen estructuras teóricas previas y, por lo tanto, aprender comporta a menudo alterar radicalmente estas estructuras, no sólo añadir elementos. Por eso se puede afirmar que el desarrollo conceptual no es simplemente una cuestión de acumular nuevos conceptos, sino que implica cambios importantes en los conceptos y sistemas conceptuales.

Procesos de cambio en las teorías intuitivas de los niños y niñas

Hoy por hoy, existen diversas maneras de concebir la estructura y las formas de cambio de las teorías intuitivas que, probablemente, acabarán dando lugar, tarde o temprano, a una teoría más amplia que las articule, porque, en realidad, se trata de diversas hipótesis teóricas, cada una de las cuales explica bien un conjunto de situaciones pero deja sin explicar algunos otros (Vosniadou, 2008). En este capítulo expondremos dos de estas concepciones planteadas respectivamente por las psicólogas Stella Vosniadou y Michelene T.H. Chi. Escogemos estos dos ejemplos por su reconocimiento en la literatura especializada, porque han analizado los procesos de cambio conceptual en niños y niñas de educación infantil y primaria, y porque lo han hecho sobre diversos temas científicos.

El planteamiento de Vosniadou: teorías marco, teorías específicas y modelos sintéticos

La psicóloga griega Stella Vosniadou concibe el conocimiento intuitivo como un conocimiento implícito de naturaleza teórica (Vosniadou, 1994; Vosniadou, Vamvakoussi y Skopeliti, 2008). La argumentación de esta autora se puede resumir de la manera siguiente.

Cuando un alumno se enfrenta a una tarea abierta y productiva genera una respuesta que proviene de su representación mental sobre el problema (modelo mental) que, a su vez, deriva de la experiencia empírica sobre el fenómeno en cuestión pero también, y muy especialmente, de una serie de principios implícitos de carácter ontológico y epistemológico. Los principios (o presupuestos) ontológicos se refieren a cómo el niño o la niña categorizan ontológicamente una determinada entidad, es decir, se refieren a su manera de entender cómo es el mundo (cómo está hecho y de qué está hecho). Los principios (o presupuestos) epistemológicos, por otro lado, orientarían de un modo general su forma de pensar como las personas conocen. Un ejemplo de principio epistemológico es pensar que «las cosas siempre son como aparentan que son».

Para Vosniadou (cuadro 23), en la mente infantil existirían una serie de teorías marco intuitivas (que ella denomina *naïve framework theories*) formadas por presupuestos ontológicos y epistemológicos inicialmente implícitos, que actúan como marco del proceso de construcción de conocimiento, porque orientan la mirada y la comprensión. Los niños y niñas comprenden *con* o *desde* estas teorías marco. A la vez, también existirían una serie de teorías específicas (*specific theories*) conformadas por creencias/ideas verbalizables, que describen las propiedades y comportamientos de los objetos, y que proceden de la evidencia empírica obtenida, sobre todo, a través de la percepción del mundo y, en menor medida, de la información recibida del entorno natural. Las teorías específicas estarían sujetas a las restricciones que imponen los principios ontológicos y epistemológicos de las teorías marco.

Cuadro 23. Génesis del modelo mental inicial sobre la forma de la Tierra según Vosniadou

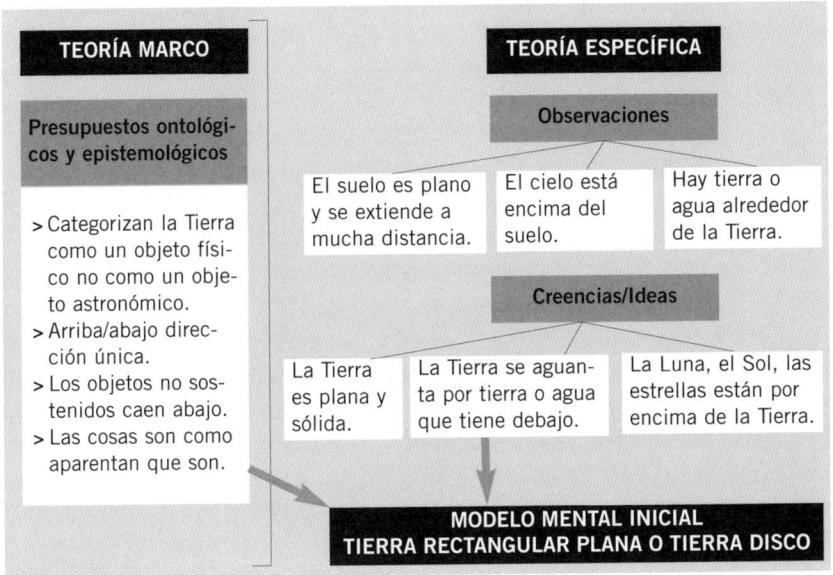

Según este modelo, los conocimientos científicos infantiles estarían integrados en estos dos marcos teóricos que los niños construyen desde muy pronto, de una manera completamente implícita. Desde estos marcos teóricos iniciales, los niños y niñas generarían diversos modelos mentales y, con estos modelos mentales, podrían construir explicaciones sobre una diversidad de fenómenos que, normalmente, son diferentes a las explicaciones de la ciencia experta. A menudo, las diferencias más importantes en estas explicaciones están en la naturaleza de los presupuestos de la teoría intuitiva, respecto de los presupuestos de la teoría científica. En el caso del concepto de Tierra que aparece en el ejemplo del cuadro 23, el modelo inicial sobre la forma de la Tierra que construyen los niños y niñas de 4-5 años es un modelo de Tierra plana (Vosniadou, 1994). Los estudios de Vosniadou muestran cómo este modelo inicial de Tierra plana no es usado por los niños y niñas sólo para explicar la forma de la Tierra, sino que también influye en las explicaciones de otros fenómenos como la sucesión de día y noche o la estructura interna de la Tierra (Vosniadou y Brewer, 1994). De esta forma, dibujos como los de la imagen 6 (en la p. 120), en que implícitamente se está usando un modelo de Tierra plana para representar el interior de la Tierra (por eso las capas se dibujan horizontalmente y no concéntricamente) son muy frecuentes en niños y niñas de 2.º, mientras que en niños y niñas de 6.º aparecen en contadas ocasiones (Martí, 2010a).

Imagen 6. ¿Qué hay dentro de la Tierra y cómo está dispuesto? (niño de 2.º de primaria).
Como se ve en el dibujo, este niño utiliza un modelo de Tierra plana (capas horizontales)
para representar el interior de la Tierra

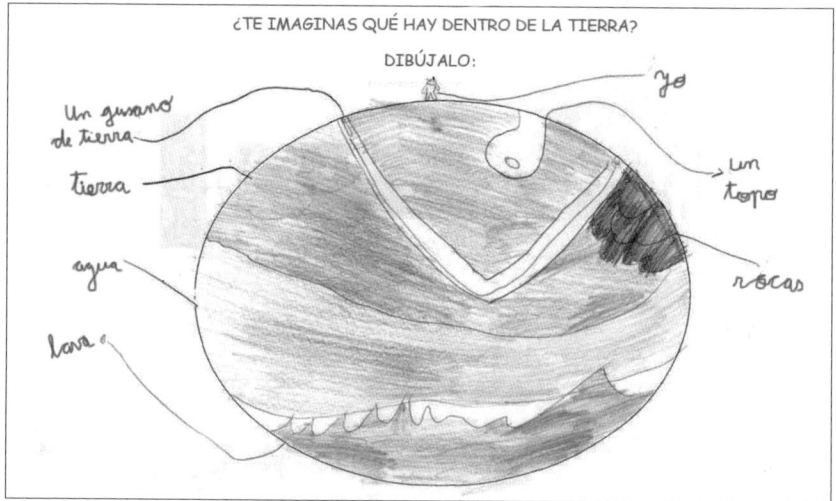

Según estos planteamientos, los niños y niñas llegarían a la educación primaria con una serie de modelos mentales iniciales sostenidos en observaciones y
creencias, pero también en principios teóricos de los que no son conscientes.
Las nuevas informaciones y experiencias que los maestros introducen a través
de diferentes tipos de tareas, conducirían a los niños y niñas a construir nuevos modelos mentales, que la autora denomina *modelos sintéticos*, que son
fruto del intento de los niños por encajar la nueva información con el modelo
mental inicial. La autora considera que es bastante inevitable que se produz-
can estos modelos sintéticos (y, por lo tanto, no se tendrían que considerar
como un problema) porque son el resultado del esfuerzo cognitivo que los niños
y niñas hacen para intentar dar sentido a las nuevas informaciones que, en el
ámbito de la enseñanza de las ciencias, suelen ser inconscientes o contradic-
torias con los principios que orientan sus teorías implícitas, y con sus modelos
mentales iniciales. Por lo tanto, según Vosniadou, la evolución desde los modelos iniciales hacia los modelos expertos siempre supondrá la aparición de
modelos sintéticos. En el cuadro 24 se muestran los diversos tipos de modelos mentales sobre la forma de la Tierra que obtuvieron Vosniadou y Brewer
(1992) en su estudio.

Cuadro 24. Modelos mentales infantiles sobre la Tierra (Vosniadou y Brewer, 1992)

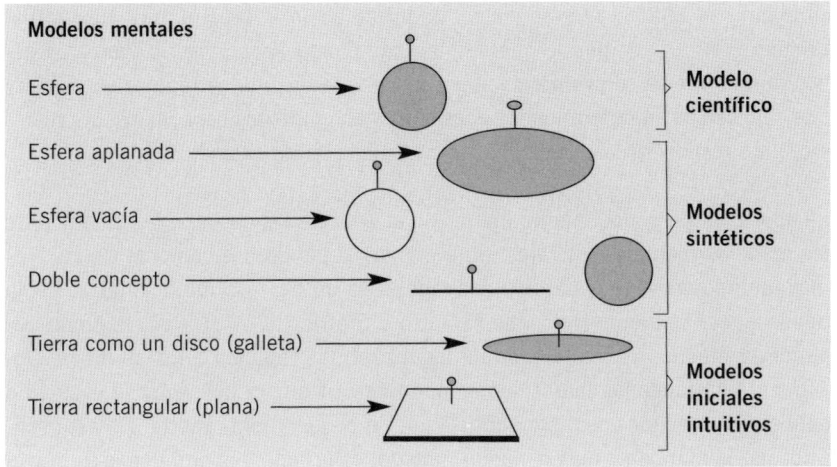

Para Vosniadou, las dificultades en el aprendizaje de ciertos conceptos (o modelos explicativos) científicos aparecen cuando las nuevas informaciones por adquirir son inconsistentes con las observaciones disponibles, las creencias previas y/o los principios ontológicos o epistemológicos de las teorías marco subyacentes. En el caso del modelo sobre la forma de la Tierra, por ejemplo, la idea de que la Tierra es una esfera y que las personas que viven en el polo sur no caen contradice tanto las percepciones cotidianas (no vemos la Tierra esférica) como algunos de los principios ontológicos: «sólo hay una dirección arriba y abajo», «las cosas que no se aguantan caen».

Los alumnos no son conscientes de los supuestos subyacentes en sus propias teorías implícitas –¡de aquí que digamos que son implícitas! – y por ese motivo tendrán que ser los maestros los que detecten de manera concreta cuáles son las posibles inconsistencias entre las ideas expresadas por los niños y los modelos científicos. Esto sólo se puede hacer comparando las ideas que los alumnos verbalizan con las mismas ideas pero tomadas desde el punto de vista de la ciencia. De aquí, por ende, la importancia de que los alumnos expresen sus conocimientos de manera reiterada, ya sea verbalmente o por escrito, y de aquí también que sea tan importante que los maestros dominen el conocimiento científico experto y, al mismo tiempo, conozcan los estudios existentes sobre el conocimiento científico infantil.

Muchas veces, lo que sucede en la realidad de las aulas es que los niños y niñas simplemente añaden nuevas piezas de información a la estructura conceptual existente, lo cual origina lo que se ha denominado *conocimiento inerte*. El conocimiento inerte sería información almacenada en una estructura separada y que sólo se usa en determinadas ocasiones y en contextos específicos; por ejemplo, para responder las preguntas memorísticas de un examen.

La aparición de conocimiento inerte (en el peor de los casos) o la evolución de los modelos mentales iniciales (en el mejor) depende básicamente de los propios alumnos porque el cambio conceptual es un proceso intencional que sólo puede hacer el propio individuo (Sinatra y Pintrich, 2003). Pero también depende, y mucho, de las tareas que los maestros proponen a los alumnos. Obviamente no todas las tareas son igualmente útiles para conseguir la evolución conceptual y evitar la simple adquisición de conocimiento inerte. En este sentido, según el modelo de Vosniadou, uno de los principales problemas es que el alumnado no es consciente del carácter hipotético de las presuposiciones y creencias que enmarcan la forma en que interpretan la información de manera que, para que se produzca el cambio conceptual, habrá que ofrecerles ocasiones de reinterpretar sus propias ideas. Esto se puede hacer, por ejemplo, proponiéndoles imaginar explicaciones contrarias a la propia: «¿y si la Tierra en realidad no es plana?»; «¿puede ser que nos pensemos que la Tierra es plana pero que en realidad no lo sea?» (ambas preguntas hacen cuestionarse el principio epistemológico de *las cosas son siempre como aparentan que son*); «¿qué nos podría hacer pensar que la Tierra no es plana?» (esta pregunta obliga a buscar evidencias que permitan sostener una idea alternativa aparentemente poco plausible para un niño/a de 5 años).

El modelo de Vosniadou no concibe el cambio conceptual como un proceso de cambio repentino de una teoría a otra, sino que lo entiende como un proceso continuo que se da de manera gradual a medida que las diferentes restricciones, y especialmente las que pertenecen a la teoría marco, son reinterpretadas. Sólo una buena formación de los maestros con relación a los modelos mentales infantiles, una actuación similar de todos los maestros que intervienen a lo largo de la etapa y una buena coordinación pedagógica del proyecto curricular del área, permitirán trabajar para adquirir cambios en las teorías intuitivas de los niños que sean más persistentes.

El planteamiento de Chi: cambios en las categorías ontológicas

La psicóloga norteamericana Michelene Chi hace un planteamiento ligeramente diferente al de Vosniadou, aunque ambos no se contradicen y se pueden llegar a considerar complementarios. Si en la argumentación de Vosniadou se hace referencia a la existencia de teorías marco y de teorías específicas para interpretar el conocimiento intuitivo infantil, Chi apela al papel central que tiene la categorización ontológica.

Chi (2008) considera que cualquier concepto –pájaro, roca, corazón, calor, Tierra, sonido, salamandra, etc.– tiene un conjunto de características perceptuales y de atributos conceptuales que nos permiten situarlo en una determinada categoría. Por eso, esta autora sitúa la categorización –asignar un concepto a la categoría ontológica a la cual se considera que pertenece– como un proceso fundamental de aprendizaje porque, una vez categorizado, el concepto hereda los atributos perceptuales y conceptuales de la categoría a la cual se ha asignado, y eso permite elaborar determinadas inferencias. Por ejemplo, si me dicen que el quetzal es un pájaro (pertenece a la categoría ontológica de *pájaro*), entonces puedo inferir que vuela, que pone huevos..., a pesar de no haber visto nunca un quetzal. La capacidad de categorización está bien desarrollada al menos desde los 4 años, y muy probablemente esté presente desde mucho antes.

Chi propone considerar tres arboles jerárquicos que corresponden a tres grandes categorías ontológicas: entidades, procesos y estados mentales (cuadro 25).

Cuadro 25. Árbol jerárquico de categorías ontológicas de Chi

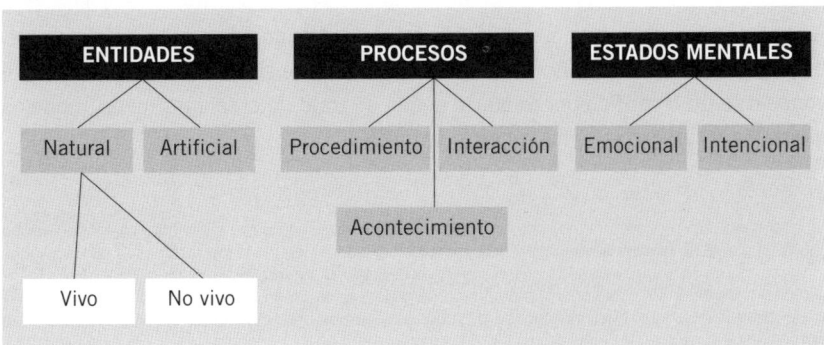

Estas tres categorías superiores no comparten ninguna propiedad entre ellas; en cambio, las categorías laterales en un mismo árbol –por ejemplo, *natural* y *artificial* en la categoría *entidades*– tienen propiedades excluyentes, aunque también comparten algunas propiedades por el hecho de formar parte de una misma categoría superior.

Desde el punto de vista del aprendizaje científico, los problemas más importantes aparecen cuando se categoriza un concepto en una categoría lateral pero de un *árbol ontológico diferente*. Según el modelo de Chi, son los casos que originan las concepciones alternativas más difíciles de cambiar. Hay muchos casos en los que se manifiesta este problema, por ejemplo, en los conceptos físicos de electricidad, fuerza, sonido, calor o luz, que son normalmente asignados por los niños y niñas en la categoría de *entidades materiales*, en lugar de asignarlos en la categoría de procesos. También es el caso del concepto de selección natural, que los alumnos asignan a la categoría de procesos directos,[33] en lugar de asignarlo a la categoría de procesos emergentes.

Una segunda línea de argumentación de Chi, hace referencia a las circunstancias en que aparecen las dificultades de aprendizaje. Aprender siempre es relacionar el conocimiento que uno ya tiene con el nuevo conocimiento por adquirir, y las mayores dificultades de aprendizaje aparecen cuando el conocimiento previamente existente entra en conflicto con el nuevo conocimiento por adquirir, porque en este caso será necesario un proceso de cambio conceptual más radical. Recordemos que no son los niños los que se dan cuenta del conflicto, sino el maestro.

Chi amplia este argumento considerando que el conocimiento se puede representar en tres niveles de organización, que de menos a más integradores serían: las creencias individuales, los modelos mentales y las categorías ontológicas.

A nuestro parecer, una aportación muy interesante que hace Chi es indicar posibles líneas de acción cuando se da un conflicto entre el conocimiento previo y el conocimiento científico por adquirir, según se trate de creencias/ideas, modelos mentales o categorías ontológicas (cuadro 26).

---

33. Chi define un *proceso directo* como el que tiene un solo agente causal fácilmente identificable, que causa un efecto de manera secuencial y determinada. Cita como ejemplo la formación en V de los aviones militares. Por el contrario, define un proceso emergente como el que no tiene un solo agente causal identificable, ni se da en una secuencia determinada de pasos, sino que más bien es el resultado de la interacción simultánea, colectiva y no dirigida de todos los agentes que intervienen. En este caso pone de ejemplo la formación en V de muchos pájaros en migración.

Cuadro 26. Dificultades de aprendizaje científico (Chi, 2008)

NIVEL DEL CONFLICTO	SITUACIÓN	TIPOS DE CAMBIO CONCEPTUAL	TIPOS DE ACTUACIÓN
Creencias (ideas)	Conflicto entre la creencia y el nuevo conocimiento.	Revisión de creencias.	Refutación para demostrar que un argumento o idea es falsa o errónea.
Modelos mentales	Conflicto entre el modelo mental inicial y el modelo mental experto.	Transformación del modelo mental.	Revisión progresiva de las creencias que se consideran críticas.
Categorización	Conflicto fruto de un error en el proceso de categorización.	Cambio de categoría.	Conciencia y construcción de una nueva categoría.

Nos encontramos ante un conflicto entre la idea/creencia del alumno y la idea científica cuando ambas se contradicen. En este caso, el cambio conceptual comportará la revisión de las creencias del alumno usando un proceso de refutación, es decir, demostrando que la creencia o idea es errónea a través de la formulación de una sentencia contraria, o dando información que contradiga la creencia. Este mecanismo puede ser útil cuando se trata de hechos para los cuales no hay evidencias fuertes a favor de la idea del alumno. No sería el caso, por ejemplo, de la forma de la Tierra porque el alumno tiene muchas más evidencias de que ésta es plana, que no de que sea esférica. Tampoco es el caso de los conceptos de adaptación o de selección natural, que se dan en una escala temporal que no es la que los niños y niñas experimentan cotidianamente.

Una segunda situación problemática se da cuando lo que entra en conflicto son dos modelos mentales: el del alumno y el del científico. Dos modelos se pueden considerar diferentes cuando conducen a predicciones diferentes, generan diferentes explicaciones y/o incluyen componentes diferentes. Tomemos el mismo ejemplo, el modelo de circulación sanguínea, que propone Chi (2008) para ilustrar este caso. El modelo de circulación simple que expresan algunos alumnos (en el que sólo hay un circuito sanguíneo y no dos, el corporal y el pulmonar) difiere del modelo de circulación doble de la ciencia experta porque conduce a hacer predicciones diferentes sobre a dónde va la sangre desde el corazón, explica de forma diferente dónde se oxigena la sangre, y contiene componentes diferentes porque, por ejemplo, no contempla ni los pulmones ni todo el circuito pulmonar. A pesar de esto, el modelo de circulación simple es un modelo mental coherente y útil para los alumnos, que lo pueden usar para ofrecer explicaciones o predicciones consistentes, aunque las tengamos que considerar incorrectas o defectuosas desde el punto de vista del modelo científico experto.

Cuando hay un conflicto entre modelos, Chi señala la necesidad de transformar el modelo mental inicial y por eso propone hacer una revisión sucesiva de las creencias o ideas más centrales de este modelo inicial. Todos los modelos, incluso los modelos expertos, pueden contener ideas correctas e ideas falsas –recordemos que los modelos son hojas de ruta y no verdades sobre el mundo–, de manera que la incorrección o los defectos de un modelo no dependen del número de ideas falsas sino del número de ideas falsas que ejercen un papel central y crítico en la configuración del modelo.

Chi advierte que el proceso de revisión de las ideas críticas no es nada fácil porque, si las nuevas ideas se presentan como simples afirmaciones que no refutan las ideas del alumno, lo que se dará será un proceso de enriquecimiento sin que realmente se modifique el modelo mental defectuoso. Por ejemplo, si al alumno simplemente se le dice (o lee) que la parte derecha del corazón bombea sangre a los pulmones y la parte izquierda bombea sangre al resto del cuerpo, esto no contradice el modelo simple de circulación porque el alumno puede continuar pensando que la parte derecha va a los pulmones a dejar el oxígeno (y no a recibirlo) y, por lo tanto, es una información que quizá sólo se añadirá al modelo inicial sin cambiarlo sustancialmente en nada.

Por el contrario, cuando el alumno sí que reconoce la contradicción entre el propio modelo y la nueva información, entonces es más fácil que se dé la revisión de la idea inicial. La hipótesis por lo tanto, es que la acumulación de numerosas revisiones de ideas críticas conduce a la transformación global del modelo mental defectuoso. A nuestro parecer, esto se dará más fácilmente en aquellos modelos, como el del sistema circulatorio que la autora utiliza de ejemplo, para los cuales los alumnos no tienen suficientes evidencias empíricas que les refuercen su modelo intuitivo.

Una consecuencia evidente de la situación planteada en los párrafos anteriores es que, en el momento de definir el modelo experto que queremos trabajar, habrá que identificar muy bien cuáles son sus ideas básicas y distinguirlas de aquellas que también lo conforman pero que no tienen un papel tan crítico. Por ejemplo, la existencia de una doble circulación en el aparato circulatorio humano es mucho más central que el conocimiento detallado de muchas partes del aparato porque permite entender la relación con el aparato respiratorio o comprender la existencia de los cuatro compartimentos del corazón. Los maestros, por lo tanto, necesitan saber reconocer cuáles son las ideas o hechos más críticos de cada modelo experto.

Finalmente, el caso que Chi considera más difícil de modificar y que da lugar a las concepciones alternativas más resistentes al cambio es cuando el conflicto aparece como producto de un proceso erróneo de categorización. En esta situación el cambio conceptual comportará necesariamente un cambio de categorización. Por este motivo, la acción educativa se tendrá que dirigir, por un lado, a asegurarse de que los alumnos disponen de todas las categorías necesarias y, por el otro, a hacer que los alumnos tomen conciencia de que han cometido un error de categorización.

Los estudios de Chi y sus colaboradores han puesto de manifiesto dos situaciones especialmente dificultosas (Chi, 2008). La primera aparece cuando un fenómeno es situado por los niños y niñas (¡y también por muchos adultos!) en la categoría de entidades, y en el modelo experto pertenece a la categoría de procesos. Como ya se ha dicho, esto pasa sobre todo con conceptos físicos como fuerza, calor, electricidad, luz y sonido. Además, en muchos de estos casos el lenguaje no ayuda nada porque normalmente se usan sustantivos para referirse a lo que realmente son procesos o (inter)acciones. Por ejemplo, cuando se dice «cierra la puerta que no entre el calor», de la misma manera que se dice «cierra la puerta que no entre el gato», o cuando se dice «aquella pared no deja pasar el sonido», de la misma manera que se dice «aquella pared no deja pasar la pelota». ¿Cómo habría que actuar en estos casos?

Según Chi, la refutación al nivel de las creencias solamente provoca revisiones locales del conocimiento al mismo nivel de las creencias pero no actúa al nivel de las categorías. Analicemos, por ejemplo, la falsa creencia de que el frío del hielo va a parar al agua y por eso el agua se enfría. En esta creencia los niños asumen que el hielo contiene una cierta sustancia fría (la frialdad), que irá al agua de alrededor y la enfriará. Para refutar esta creencia al nivel de las ideas, los maestros tendrían que afirmar que el agua no se enfría porque gane frialdad, dado que el hielo no contiene ninguna sustancia fría. La frialdad no puede ir del hielo al agua simplemente porque no existe. No obstante, este proceso de simple refutación sólo funciona bien cuando dos creencias se contradicen. En el caso de la frialdad, la contradicción no es aparente a primera vista porque nada hace pensar a los niños y niñas que la frialdad no pueda existir como entidad no observable. Entonces, ¿cómo se puede cambiar una idea falsa como la de que el hielo tiene frialdad?, ¿qué alternativa puede concebir un alumno que no sea la existencia de sustancias frías? Vista la situación, es evidente que lo que se tendría que ayudar a los alumnos a revisar no es el tipo de sustancia sino la propia idea de sustancia, y eso sólo se podrá hacer si las actividades que los maestros plantean tienen el objetivo de facilitar un cambio en la manera de categorizar ontológicamente el frío (o el calor) haciendo ver que no es una entidad sino un proceso.

En cualquier proceso de cambio conceptual en que se haya detectado que la solución al problema radica en que los alumnos revisen sus categorizaciones, siempre habrá que superar dos barreras. La primera es que se necesita que los alumnos sean conscientes de que han cometido un error de categoría, lo cual supone que han de saber contrastar sus ideas en cuanto a las categorías, y eso en primaria implicará mucho apoyo por parte de los maestros. La segunda es que han de disponer de la categoría alternativa correcta a la cual se ha de asignar el concepto, y eso también implica apoyo por parte de los maestros.

Queremos acabar el capítulo con una cita de Metz (2000, p. 374) que, en cierta manera, nos devuelve al inicio.

Se pone poca atención en reforzar y mejorar el conocimiento en dominios específicos, aunque la investigación ha puesto claramente de manifiesto la importancia de este conocimiento para el desarrollo de las habilidades de razonamiento científico y, por eso, aparece un círculo vicioso: la competencia de los alumnos a menudo es menor, debido a que no se tiene bastante en cuenta el conocimiento que tienen cuando se les enseña; este resultado flojo da lugar a razonamientos pobres [por parte de los alumnos] y a una subestimación de sus capacidades de razonamiento [por parte del profesorado]; la subestimación de las capacidades de razonamiento, interpretadas como el techo propio de la edad, da lugar a currículos muy diluidos; los currículos diluidos proporcionan menos oportunidades de aprender y de mejorar el conocimiento específico, de manera que se dificulta la mejora del razonamiento. Resumiendo, dado que el impacto que tiene el conocimiento específico en el razonamiento científico, el enfoque que habitualmente predomina en los currículos reales simplemente mantiene el razonamiento científico más o menos al mismo nivel que tenía cuando los niños entraron en la escuela.

Visto lo visto en este capítulo, no deja de ser curioso (por decirlo de alguna manera) que el Real Decreto de Mínimos de la nueva ordenación curricular hable solamente de la existencia de estadios y no haga ninguna referencia amplia ni a la idea de conocimiento intuitivo, ni a la idea de cambio conceptual, y tampoco se dé ninguna orientación para trabajar con las ideas de los alumnos.

Fijándonos bien, toda la argumentación de Chi y de Vosniadou se mueve alrededor de saber apreciar la diferencia que hay entre el conocimiento experto y el conocimiento intuitivo de los niños. Esto significa que el conocimiento didáctico de los maestros ha de incluir necesariamente el dominio, hasta un cierto nivel, de los modelos teóricos expertos. Pero también y, sobre todo, el conocimiento profundo de las ideas y los modelos teóricos infantiles. Sin un amplio conocimiento de estos dos aspectos, será imposible poder identificar las diferencias y dificultades, y planificar las ayudas necesarias. No siempre la formación de los maestros, inicial o permanente, ha servido para introducir estos conocimientos y estas reflexiones. Por esta razón, dedicamos el próximo capítulo a introducir una síntesis del conocimiento que se ha ido adquiriendo durante estos últimos años sobre las ideas y los razonamientos científicos de los niños y niñas de 6-12 años, con relación a la materia y a los seres vivos, que nos sirven para situar el punto de partida desde el cual plantear el diseño de las correspondientes progresiones de aprendizaje.

En este capítulo hemos descrito los planteamientos psicológicos que subrayan que el aprendizaje es, sobre todo, un proceso de dominio específico, y hemos expuesto una forma de concebir y caracterizar el conocimiento inicial de los niños y niñas. Esto nos ha conducido a ver que la construcción de conocimiento científico siempre comporta procesos de cambio conceptual y por este motivo, hemos identificado los tipos de cambio conceptual y algunos de los mecanismos que ayudan a promoverlo.

4
El conocimiento intuitivo de los niños, punto de partida del diseño curricular

La ciencia es, antes que nada,
un mundo de ideas en movimiento
(François Jacob)

Antes de empezar, pensemos un rato...

- ¿Qué saben los niños y niñas (sobre los seres vivos o sobre la estructura de la materia) cuando entran en primaria?
- ¿El conocimiento inicial que tienen los niños y niñas está muy lejos del conocimiento científico? ¿En qué aspectos?

Tal como se ha planteado en el capítulo anterior, los niños y niñas son pensadores teóricos y disponen de formas de razonar y conocimientos bastante bien articulados, adquiridos de manera intuitiva e implícitos, sobre muchos fenómenos físicos y biológicos que también son explicados desde el conocimiento científico experto.

Tal como ilustrábamos en el cuadro 3 de la página 41, uno de los principales objetivos de todo proyecto curricular de ciencias en la educación primaria tendría que ser promover la evolución del conocimiento inicial que tienen los niños y niñas sobre la materia, los seres vivos, la Tierra y el Universo, y sobre los diversos procesos en que estas entidades participan. En este sentido el diseño curricular para el área de conocimiento del medio natural, social y cultural de Cataluña hace la siguiente afirmación:

Todos los niños construyen representaciones del mundo y aprenden a elaborar explicaciones personales sobre lo que les rodea. El aula es el lugar donde se han de explicitar estas ideas previas y las diversas concepciones del mundo que están en la base de los procesos personales de aprendizaje. [...] La transformación de estas ideas iniciales en otras que estén más fundamentadas en el conocimiento actual de las diferentes disciplinas del área requiere un trabajo que favorezca su evolución a lo largo de los ciclos. (DOGC, 2007)

Plantearse como objetivo la evolución de las ideas de los niños implica, por un lado, disponer de un cierto nivel de comprensión de las características del conocimiento intuitivo inicial que tienen los niños y niñas al llegar a la educación primaria, y por otro lado, saber construir progresiones de aprendizaje (*learning progressions*) que promuevan el proceso de evolución teórica.

Tener una representación clara del punto de partida (el conocimiento intuitivo de los niños tal como lo ha caracterizado la investigación) y del punto de llegada (el conocimiento experto, o una cierta transposición del conocimiento experto) tendría que hacer más fácil la toma de decisiones sobre el diseño curricular para un determinado bloque de contenidos conceptuales. En consecuencia, este diseño tendría que adoptar la forma de líneas de progreso con relación a las ideas y formas de razonamiento científico que se quiere contribuir a desarrollar. Esto es lo que propone la literatura sobre progresiones de aprendizaje (*learning progressions*), que recientemente ha adquirido una notable importancia en la didáctica de las ciencias en el ámbito del desarrollo de estrategias de diseño curricular (Duncan y Hmelo-Silver, 2009), y que en nuestro entorno ya tenía algunos precedentes (García, 1998). Las progresiones de aprendizaje plantean un diseño curricular formado por secuencias de enseñanza y aprendizaje que acaban recorriendo un itinerario que va desde el conocimiento infantil hacia el conocimiento experto a lo largo de una serie de años o a lo largo de toda una etapa. Su proceso de elaboración se fundamenta, básicamente, en los resultados de la investigación sobre el conocimiento científico de los niños y niñas[34] (National Research Council, 2007, véase monográfico de *Journal of Research in Science Teaching*),[35] y en una previa selección de grandes ideas científicas (NRC, 2011). Ya que, por definición, cualquier progresión de aprendizaje se ha de poner a prueba y evaluar, se trata de una línea de colaboración muy importante entre grupos de investigación en didáctica y maestros de primaria, que sin duda sería necesario promover.

Más que hacer una síntesis de la vasta cantidad de investigación hecha sobre concepciones alternativas de los alumnos,[36] lo que intentamos es caracterizar algunas de las asunciones o presupuestos de carácter general que conforman el conocimiento intuitivo de los niños en los dos ámbitos escogidos. Tal como afirma Talanquer (2009):

> Se pueden identificar unas pocas asunciones implícitas que guían y restringen el pensamiento infantil [en diferentes ámbitos]. Esta identificación aporta un marco útil que los maestros pueden usar para comprender mucho mejor algunas de las dificultades [y concepciones alternativas] de los alumnos.

En el fondo, es a estos conjuntos de asunciones, que forman parte del núcleo central del conocimiento intuitivo infantil, que habría que dirigir nuestra atención educativa. Por eso, en cada apartado se muestran dos cuadros que resumen las principales líneas de progreso en el aprendizaje, y que pueden servir de guía en el momento de desarrollar cualquier proyecto curricular.

Para el caso de la materia, hemos aprovechado el reciente trabajo de Talanquer (2009). Para el caso de los seres vivos presentamos nuestra propia propuesta de síntesis dada la falta de trabajos en esta dirección.

El conocimiento infantil sobre los seres vivos

El interés por el pensamiento infantil sobre el concepto de vida y sobre los seres vivos ya aparece en la obra temprana de Piaget, pero no se retoma con fuerza hasta la publicación del libro de la psicóloga Susan Carey sobre el cambio conceptual de los niños (Carey, 1985). A partir de aquí, la investigación realizada du-

---

34. Seguramente lo que hasta ahora mayoritariamente dominaba en el diseño curricular era la simplificación del conocimiento experto, adecuándolo a las supuestas capacidades cognitivas de los alumnos, sin tener en cuenta el conocimiento específico que estos alumnos tenían con relación a un determinado tema.

35. Volumen 46, número 6, editado en el año 2009.

36. Los lectores pueden consultar algunas obras de síntesis sobre concepciones alternativas como por ejemplo Driver y otros, 1999. Los lectores que dominen el inglés encontrarán fácilmente muchas más referencias, más actualizadas, en las revistas especializadas tanto de didáctica de las ciencias como de psicología cognitiva.

rante los últimos veinte años (y que aún continúa) ha permitido adquirir un conocimiento relativamente amplio sobre las formas de razonar con relación a los seres vivos y a los procesos biológicos.

Formas generales de razonamiento infantil sobre los seres vivos

Desde bien pequeños, los niños y niñas hacen una clara distinción ontológica entre los seres vivos (incluidos los humanos) y las entidades no vivas (incluidos los artefactos humanos), de manera que razonan diferente sobre unos y otros. Para el caso concreto de los seres vivos, la investigación ha puesto de manifiesto que, al menos desde los 3-4 años (y probablemente mucho antes), los seres vivos forman una categoría ontológica con identidad propia, es decir, son una realidad distinta y claramente diferenciada del mundo no vivo (Medin y Atran, 1999). Por ejemplo, cuando a los niños de educación infantil se les propone clasificar animales y muñecos que simulan animales, clasifican juntos los animales aunque no se parezcan, y separan animales y muñecos aunque se parezcan. Por lo tanto, hay una distinción clara y muy precoz entre los animales y los artefactos que, posiblemente va asociada a considerar los animales como agentes intencionales (es decir, que actúan intencionadamente según propósitos) en contraposición a los artefactos, a los cuales no les atribuyen esta característica (Carey, 1985).

Con relación a la consideración de las plantas, algunos estudios (Carey, 1985) han mostrado que los niños muy pequeños no las consideran como seres vivos, aunque parece que este resultado depende de la tarea que se les plantea, de manera que aparece más a menudo cuando simplemente se pide clasificar entre vivo o no vivo, y no aparece tan a menudo cuando se les hace fijarse a los niños y niñas en propiedades característicamente biológicas, como crecer. La consideración del movimiento como atributo central del concepto infantil de ser vivo puede ser el causante de la dificultad de muchos niños y niñas para situar las plantas entre los seres vivos. En un trabajo muy interesante, Opfer y Siegler (2004) han mostrado que el hecho de observar situaciones en que las plantas se mueven persiguiendo un objetivo (fototropismo, hidrotropismo) ayuda más a los niños y niñas de 4-6 años a integrarlas en un nuevo concepto de ser vivo, que no que se les presenten otras características que para la biología experta son más significativas, como respirar, crecer, etc.

Con relación a la categoría *animales* es bastante habitual que los niños y niñas más pequeños no incluyan a los humanos en la categoría más amplia de los animales.

La distinción ontológica entre seres vivos y otras entidades no vivas, y lo que comporta en cuanto a razonamiento sobre mecanismos causales, se convierte en el fundamento básico del conocimiento biológico intuitivo de los niños. Además, a partir de su experiencia cotidiana, los niños y niñas van generando un conjunto de conocimientos factuales sobre los seres vivos, como «las plantas se han de regar y poner a la luz, algunos animales ponen huevos, los hijos se parecen a los padres, unos animales se comen a otros, hay pájaros de diferentes colores», etc. Son estos dos elementos, los hechos empíricos obtenidos de la experiencia cotidiana y las formas de razonamiento causal sobre la categoría ontológica de *ser vivo*, lo que en definitiva configura lo que podemos llamar *conocimiento biológico infantil*.

La existencia de este conocimiento biológico infantil está ampliamente reconocida, aunque no todos los expertos lo interpretan y lo caracterizan de la misma manera (Carey, 1985; Inagaki y Hatano, 2002). Si hacemos una síntesis de las principales aportaciones de la investigación psicológica, se puede considerar que lo propio del razonamiento biológico infantil son cuatro formas de razonar que los niños y niñas usan para hablar y explicar los fenómenos biológicos, y que enmarcan sus modelos mentales sobre el mundo vivo. Se trata del antropomorfismo o personificación, el vitalismo, el razonamiento teleológico y el esencialismo.

Antropomorfismo o personificación

El antropomorfismo o personificación es un recurso cognitivo que se refiere a la extensión y aplicación de propiedades y comportamientos humanos a cualquier ser vivo (Inagaki y Hatano 2002, p. 44). En último término, es una forma de razonamiento analógico.

Carey (1985) mostró que el razonamiento infantil sobre los fenómenos biológicos no era por sí mismo biológico sino que la base del pensamiento biológico infantil sería más bien una forma de razonamiento analógico con relación a la especie humana. Llegó a esta conclusión a partir de tres resultados:

1. Los niños y niñas escogen más habitualmente los seres humanos que otros tipos de organismos como referencia para hacer proyecciones hacia especies desconocidas.

2. Los niños y niñas infieren de manera asimétrica, es decir, hacen más proyecciones de los humanos hacia los animales que al revés.

3. Los niños y niñas no usan la similitud morfológica como fuente principal para inferir, de manera que, por ejemplo, hacen más proyecciones de los humanos a los escarabajos, que de las abejas a los escarabajos.

Estudios posteriores con grupos de niños y niñas de diferentes procedencias geográficas y culturales han mostrado que las conclusiones de Carey no son generalizables, y que el antropomorfismo, lejos de ser una característica universal, está muy condicionado por dos factores: la familiaridad de los niños y niñas con una amplia diversidad de organismos vivos, y la consideración que se tenga, en el contexto sociocultural concreto de los niños, de la situación de los humanos con relación al resto de seres vivos. (Medin y otros, 2010). Así pues, un mayor conocimiento sobre diferentes especies de animales y de plantas disminuye la presencia de razonamientos antropomórficos.[37] Por otro lado, en culturas en que los humanos se conciben a ellos mismos como una parte integral de la naturaleza, también se da una presencia menor de antropomorfismo entre los niños. En estos estudios no aparece ninguno de los resultados que obtenía Carey, de manera que los niños y niñas no prefieren las características y las funciones humanas como base de sus inferencias, no hacen asimetrías en el momento de inferir, y priorizan la similitud morfológica, y en menor medida la ecológica, para inferir propiedades y conductas de organismos desconocidos.

En consecuencia, toda esta evidencia disponible nos indica que la personificación es utilizada por los niños y niñas (sobre todo, los occidentales urbanos) pero que no es una característica universal del pensamiento biológico infantil. Pero en nuestro contexto sí que puede ser habitual la presencia de la personificación en los razonamientos que los niños y niñas hacen para interpretar la estructura, los procesos vitales y los comportamientos de otros seres vivos.[38]

---

37. El trabajo de los psicólogos japoneses Inagaki y Hatano (2002) ya mostraba este resultado. Observaron que los niños que criaban peces en casa usaban más a menudo los peces para hacer inferencias sobre otros animales acuáticos, a diferencia de los niños y niñas que no tenían esta experiencia.

38. Probablemente mucha de la literatura infantil existente refuerza este pensamiento.

Fragmentos de anotaciones que niños y niñas (del segundo ciclo de primaria) hicieron sobre las hormigas que tenían en el aula:

◇ «La reina tiene el abdomen muy grande respecto al tórax, y fuera del hormiguero *parecía indefensa y asustada.*»
◇ «La verdad es que no para; *es muy cierto que las hormigas son trabajadoras.*»
◇ «Tiene seis patas y dos antenas. Las patas son largas, delgadas y de un color amarillento. Da la sensación de que *está aburrida* porque la *pobre está muy sola* y tapada con papel de diario.»
◇ «Creemos que la hormiga *está muy contenta porque la hemos cambiado de casa.*»

Si la personificación va unida a la consideración de los procesos biológicos como intencionados, es probable que el aprendizaje de las causas mecánicas (fisiológicas) de estos procesos ayude a abandonar progresivamente la tendencia a la antropomorfización. Por lo tanto, es probable que sea más fácil que se abandone la personificación cuando expliquen las funciones vitales, que cuando razonen sobre el comportamiento de los animales, en que la analogía con las conductas humanas puede ser más difícil de abandonar.

En cualquier caso, el progresivo abandono del antropomorfismo en el razonamiento infantil puede actuar como un buen indicador de progreso en la adquisición de nuevas formas de razonar sobre los procesos biológicos.

Razonamiento causal vitalista

El *razonamiento causal vitalista*, o *vitalismo*, es un término propuesto por los psicólogos japoneses Inagaki y Hatano, que supone considerar que los organismos tienen una fuerza o poder vital que obtienen de los alimentos y que juega un papel central en tres procesos biológicos básicos que son el crecimiento, la actividad diaria y el hecho de enfermarse. El poder vital, tal como lo usan los niños y niñas, ha sido definido como «una sustancia, energía o información no especificada que sirve para mantener y mejorar la vida» (Inagaki y Hatano, 2004, p. 356).

Cuando usan el razonamiento vitalista, los niños no apelan a causas puramente mecánicas —expresadas en términos de energía o de reacciones químicas— ni a causas puramente intencionales, como cuando se dice que «el alimento sirve para que el corazón lata». Por lo tanto, los niños y niñas disponen de un concepto abstracto que expresan utilizando diferentes términos (*poder vital*, *fuerza vital*, *energía*, etc.), que les sirve para interpretar y para predecir, y que aplican específicamente a los seres vivos, empezando por los seres humanos pero rápidamente ampliando el uso a los animales y a las plantas. Desde los 4-5 años ya puede ser que se use algún tipo de razonamiento vitalista.

Según los trabajos de Inagaki y Hatano (2002), la causalidad vitalista que usan los niños no es una estructura de conocimiento simple sino que supone integrar diferentes creencias. La primera es que el poder vital se toma del exterior, sobre todo a través de los alimentos y el agua (muy pocos citan el aire como fuente de poder vital), y sirve para obtener vigor para poder estar activos, para evitar caer enfermos y para crecer. La segunda es que la actividad de los órganos se atribuye al objetivo de mantener la vida y, para que esto sea posible, el poder vital es esencial e imprescindible. La tercera es que no todos los alimentos llevan el mismo poder vital. La cuarta es que el crecimiento es debido a la existencia de un plus de poder vital, es decir, que el poder vital que no se usa para vivir o para hacer actividades, permite crecer. La quinta y última, es que la cantidad de poder vital que un organismo adquiere también se relaciona con la posibilidad de enfermar o de recuperarse de una enfermedad, porque una falta de energía o poder vital aumenta la probabilidad de enfermar, aunque muchos niños y niñas también reconocen que ciertos factores sociales o psicológicos pueden influir en la susceptibilidad de una persona a enfermar. Esta extraordinaria funcionalidad, en términos de capacidad explicativa, que tiene el vitalismo explicaría que muchos niños y niñas hasta los 7 años opten mayoritariamente por las explicaciones de carácter vitalista, cuando se les propone escoger entre diferentes tipos de explicaciones.

A pesar de las muchas posibilidades que tiene el concepto de poder vital, también tiene algunas limitaciones. Por ejemplo, muchos niños lo vinculan directamente a los alimentos –o al agua en el caso de las plantas–, y ésta podría ser una de las razones que explique la dificultad de comprender el papel que tiene la respiración en la nutrición y el crecimiento, o la dificultad de explicar la razón del aumento del latido cardíaco cuando se hace ejercicio. Tanto la respiración como el latido cardíaco son aspectos que los niños y niñas no pueden relacionar de manera directa con la ingesta de alimentos y la obtención de poder vital, y que además dependen de la construcción de un modelo integrado de los diversos aparatos y procesos implicados en la función de nutrición.

Desde un punto de vista didáctico, el reconocimiento de la presencia de la causalidad vitalista también permitiría establecer indicadores de progreso en la comprensión experta de los fenómenos biológicos. La biología experta no usa argumentos basados en el vitalismo sino que apela a una causalidad mecánica que se expresa en términos fisiológicos y bioquímicos. El uso habitual de causas fisiológicas y el abandono progresivo de causas intencionales o vitalistas sería el indicador de progreso hacia un tipo de razonamiento biológico más cercano a la ciencia experta. Esto tiene una consecuencia inmediata con relación a la selección de contenidos, en el sentido de centrar más la atención en los procesos fisiológicos que en la anatomía (Martí, 2006; Pujol, 2003).

Razonamiento teleológico

El razonamiento teleológico es un caso más complejo. Supone pensar que la existencia o la actuación de una entidad está orientada a una finalidad, es decir, que tiene un propósito.

Piaget ya puso de manifiesto la existencia de esta forma de razonar en los niños, y tanto la psicología cognitiva como la didáctica de las ciencias han remarcado la omnipresencia y la importancia funcional del razonamiento teleológico. La psicología cognitiva ha mostrado que es una forma de razonar típica de los niños (pero que también está presente en los adultos), que usan para interpretar y explicar muchos fenómenos biológicos (González y Meinardi, 2010).

Las explicaciones de carácter teleológico surgen porque la estructura física y el comportamiento de los organismos vivos se consideran una adaptación, es decir, existen de aquella manera porque contribuyen a la supervivencia (Zohar y Ginossar, 1998), y todos coinciden en pensar que la supervivencia (comer y no ser comido) es la finalidad que persigue cualquier organismo.

Uno de los problemas del uso poco reflexivo de este tipo de explicaciones es la asunción de que, si una entidad dirige los procesos biológicos hacia una finalidad o un objetivo, entonces esto implica la atribución de propiedades conscientes a todos los organismos vivos, o bien la actuación de un tipo de impulso interior o impulso vital, o la intervención de alguna entidad sobrenatural. Ninguna de estas tres posibilidades forma parte del pensamiento biológico experto actual y, por lo tanto, son aspectos que habría que ir revisando en el pensamiento biológico infantil.

De una manera general, las explicaciones teleológicas tienen un amplio campo de aplicación porque se pueden usar siempre que se quiera explicar la existencia o las propiedades de una entidad según su función, como «tenemos corazón para bombear la sangre» o «tenemos teléfonos para comunicarnos». En algunos casos se pueden considerar correctos pero en otros no se pueden justificar desde el punto de vista del conocimiento científico experto, como cuando se dice que «la lluvia sirve para hacer crecer las plantas». Por lo tanto, el problema no es la existencia del razonamiento teleológico en él mismo, sino su uso excesivamente generalizado.

Los estudios de Kelemen (1999) muestran que el uso de las explicaciones teleológicas cambia con el desarrollo, de manera que los niños más pequeños aceptan explicaciones teleológicas más fácilmente y las aplican a situaciones más diversas. La misma autora ha mostrado que también hay usos diversos según la procedencia cultural.

Diversos psicólogos han estudiado hasta qué punto la explicación teleológica va unida a un dominio concreto, si es innata, y a qué edad aparece un uso selectivo de este tipo de explicación. Por este camino, Atran (1995) sugiere que las explicaciones teleológicas son propias del dominio del razonamiento biológico. Para este autor, la teleología y el esencialismo conformarían el núcleo duro de la forma innata de pensar sobre los seres vivos. Este razonamiento teleoesencialista conduciría a los niños a creer que las propiedades morfológicas de los organismos están causadas por esencias subyacentes y que estas propiedades juegan un papel funcional para el organismo. Atran reconoce que las explicaciones teleológicas también pueden ser aplicadas a los artefactos pero lo considera una situación forzada culturalmente. Por este motivo remarca que el dominio inicial y propio de estos tipos de explicaciones es el de los organismos vivos. Keil (2002), en cambio, argumenta que se trata de una forma de explicar que acaba siendo privilegiada muy pronto en el desarrollo con relación al dominio de la biología intuitiva, aunque los niños y niñas también la aplican a los artefactos.

Finalmente, Kelemen (1999) plantea una tercera visión y propone la existencia de lo que ella denomina una *teleología promiscua*, en la que este tipo de razonamiento iría siempre unida a la acción dirigida a una finalidad y, por lo tanto, inicialmente se aplicaría a muchas entidades y situaciones diferentes. De esta forma, los niños la usarían para todo aquello que piensan que puede servir a una función y progresivamente irían restringiendo este abanico.

El razonamiento teleológico, a diferencia de la personificación y del vitalismo, también aparece en el lenguaje científico. De manera que los niños y niñas se lo encuentran muy a menudo en los libros de texto, en los libros de divulgación, en los documentales televisivos, en las explicaciones de los maestros o de los propios científicos, etc. Es muy habitual usarlo, por ejemplo, cuando se hace referencia a los procesos de adaptación y de selección natural. Según González y Meinardi (2010), el problema real es que «los alumnos producen el mismo tipo de expresiones pero desde un marco teórico completamente diferente. Mientras que los alumnos usan la teleología de sentido común tal como la ha descrito la psicología cognitiva, los maestros o los libros la usan en el marco del modelo darwinista de evolución por selección natural». Esto es lo que hace difícil su tratamiento educativo.

En este sentido Zohar y Ginossar (1998) plantean la necesidad de que los maestros distingan cuando los alumnos razonan sobre los fenómenos biológicos de manera teleológica y cuando simplemente usan la teleología como una manera de hablar. Este segundo presupuesto es lo que han hecho los científicos. Por este motivo, estos autores plantean que no es necesario eliminar este tipo de lenguaje en el aula sino que, más bien, hay que ayudar a los alumnos a clarificarlo, haciéndoles ver cuáles son sus límites de aplicación, y haciéndoles darse cuenta de cuándo se está razonando y de cuándo, por el contrario, se está hablando de manera teleológica.

Esencialismo

El esencialismo psicológico ha sido ampliamente estudiado por la psicóloga Susan A. Gelman (2003), que lo considera un sesgo cognitivo que, desde muy pequeños forma parte de la manera de interpretar la realidad. Lo define como el hecho de pensar que «ciertas categorías tienen una realidad subyacente o una verdadera naturaleza, que uno no puede observar directamente pero que da a un objeto su identidad y es la responsable de las otras similitudes que los miembros de la misma categoría comparten» (Gelman, 2003, p. 404). En el caso del pensamiento biológico una esencia sería «cualquier calidad que permanece inalterada a medida que un organismo crece, se reproduce o se somete a ciertas transformaciones morfológicas: de niño a adulto, de oruga a mariposa…» (Gelman, 2003, p. 404).

El pensamiento esencialista tiene relación con los criterios y los atributos que los niños y niñas utilizan en el momento de considerar que un individuo pertenece a una determinada especie o categoría. Así, algunos estudios muestran que los niños y niñas de 10 años no se basan sólo en la apariencia externa para situar a un individuo en una determinada especie o categoría, de manera que no aceptan que simples transformaciones superficiales cambien la identidad de los organismos. Esta idea, que parece bien establecida a los 10 años, no es tan sólida a los 4 o 5 años, en que sí que nos podemos encontrar con que algunos niños acepten más fácilmente cambios superficiales entre especies o grupos de animales.

Otra consecuencia del esencialismo es la creencia de que un miembro de una determinada categoría tiene el potencial innato de llegar a ser como los otros miembros de aquella categoría. Así, los niños y niñas de 4 años creen que un animal pequeño adquirirá las características propias de su especie, simplemente en virtud del hecho de que es un miembro de ella, haya estado (o no) criado con otros animales como él. Por ejemplo, una vaca hará *muuu* y no *beee* porque su «esencia» es de vaca y no de oveja, aunque de pequeña haya vivido entre ovejas; una simiente de manzano crecerá como un manzano porque su «esencia» es de manzano, aunque la plantemos en una maceta en la que crecen flores. Este segundo ejemplo es más interesante que el anterior porque no hay ninguna relación morfológica directa entre la semilla y la planta adulta, como sí que la hay entre el ternero y la vaca, de manera que parecería que, en sus juicios, los niños y niñas dan más valor a la procedencia (la semilla viene del manzano) que al aspecto.

La existencia de una esencia supone un nuevo ejemplo, junto con la idea de poder vital, del uso infantil de entidades abstractas y no perceptibles para construir explicaciones. Afirmar que los niños tratan las categorías como portadoras de esencias no implica que haya unas determinadas creencias sobre lo que son estas esencias, sólo implica la aceptación inconsciente de ciertas creencias generales que podríamos resumir en: la esencia reside dentro del organismo, la esencia es responsable de muchos caracteres, incluidos aquellos que todavía no se conocen o no se han descubierto, y la esencia es fija y poco modificable. Justo esta última creencia es la más contradictoria con el conocimiento biológico experto, en que la idea de variabilidad es fundamental para comprender conceptos clave como el de la selección natural, o procesos biológicos importantes como el cambio evolutivo (Bardapurkar, 2008; Mayr, 2006). Trabajar la variabilidad en los individuos de una población es un problema que no se suele plantear en la educación primaria, y que permitiría resituar hasta un cierto punto el sesgo esencialista, al mismo tiempo que posibilitaría trabajar muchos contenidos matemáticos, tal como muestran claramente los trabajos de Lehrer y Schauble (2004).

Implicaciones del conocimiento biológico infantil para el diseño curricular

Si, de acuerdo con la idea de competencia científica, la finalidad del proyecto curricular es desarrollar el pensamiento científico de los alumnos, en este caso su pensamiento biológico, entonces todo lo que hemos dicho hasta hora tendría que tener consecuencias en la planificación de la enseñanza-aprendizaje de los contenidos conceptuales relacionados con los seres vivos.

A lo largo del proyecto curricular habrá que pensar en introducir nuevas experiencias a los alumnos para que puedan ampliar el abanico de hechos que conocen sobre los seres vivos (conocer nuevos animales y plantas, conocer nuevos órganos corporales, relacionar las estructuras corporales con sus funciones, conocer nuevas conductas, etc.). Todos los maestros tienen claro esto. Lo que quizá ya no se tiene siempre en cuenta es que, a medida que se ayuda a los niños y niñas a dar sentido a la nueva información, habría que prestar atención de manera explícita a la evolución del razonamiento biológico de los niños, desde las formas iniciales que hemos descrito hacia las formas más cercanas a la biología experta.

Por este motivo, puede ser útil la propuesta de una serie de líneas generales de progreso que nos permitan describir la dirección de los cambios en el razonamiento biológico infantil (y no sólo en su conocimiento factual). Se trata de los cambios que esperaríamos observar a medida que avanza la etapa (cuadro 27).

El conocimiento biológico intuitivo inicial permite a los niños y niñas generar explicaciones sobre muchos fenómenos (la clasificación biológica, las funciones vitales, la herencia, el cambio evolutivo, el comportamiento animal, etc.). La mayoría de estas explicaciones suelen ser explicaciones alternativas a las que plantea la biología experta (Driver y otros, 1999). Este retrato inicial es el que ilustramos en la columna de la izquierda del cuadro 27 (p. 144) donde hemos asociado ciertas formas de razonamiento biológico intuitivo a los ámbitos de problemas (en gris) a los que principalmente se aplican.

El objetivo de las acciones educativas definidas en el proyecto curricular del área tendría que ser: dirigir las formas de razonar iniciales de los alumnos hacia las más propias del conocimiento biológico experto, que hemos señalado en la columna de más a la derecha en el esquema del cuadro 27 (p. 144). Para que este proceso de evolución se pueda dar con alguna garantía de éxito, es indispensable la actuación

Cuadro 27. Propuesta de líneas generales de progreso en la evolución del conocimiento biológico infantil

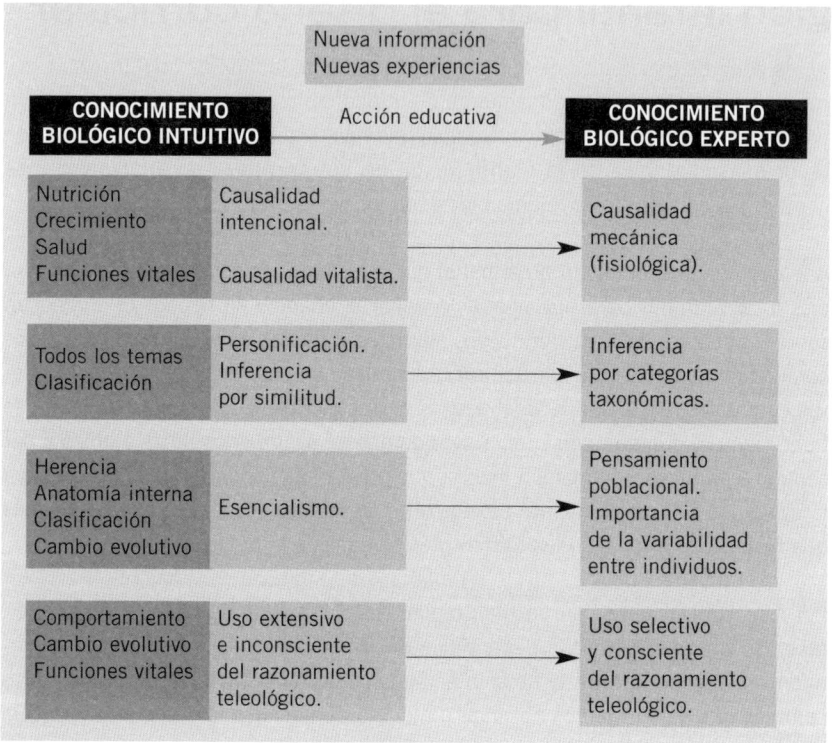

consciente de los maestros ya que, de manera espontánea, no se produce el cambio, al menos en la inmensa mayoría de alumnos. Esto se puede afirmar porque lo han puesto de manifiesto muchos trabajos hechos con alumnos de enseñanza secundaria, universitaria o adultos no expertos, que muestran la persistencia de ciertas formas intuitivas de razonamiento (aunque algunas, como la personificación se superan más fácilmente) y de ciertas concepciones alternativas.

Desde nuestro punto de vista, aquello sobre lo que habría que hacer más investigación y reflexión es sobre cómo se puede hacer para, aún enseñando los contenidos factuales habituales (anatomía, fisiología, etc.), ayudar a los niños y niñas a transformar poco a poco sus formas generales de concebir y razonar sobre los seres vivos. Algo parecido pasaría con el caso de la estructura de la materia tal como veremos en el apartado siguiente.

El conocimiento infantil sobre la estructura de la materia

Igual que con el caso de los seres vivos, en estos momentos disponemos de muchos estudios sobre las concepciones de los alumnos de diferentes edades con relación a los fenómenos relacionados con la estructura de la materia y su comportamiento (Driver, Guesne y Tiberhien, 1989; Driver y otros, 1999; Viennot, 2002), aunque mayoritariamente la investigación se ha centrado en la enseñanza obligatoria.

Toda esta literatura sobre concepciones alternativas, junto con la investigación hecha sobre el razonamiento infantil, es lo que ha utilizado Vicente Talanquer (2009) para elaborar una propuesta de progresión en el aprendizaje de la estructura de la materia. Partimos de esta referencia para elaborar el texto que sigue. La propuesta de Talanquer se muestra en el cuadro 28 (p. 146).

El objetivo del trabajo de Talanquer es caracterizar las asunciones implícitas que restringen las ideas y formas de razonar de los alumnos sobre la estructura de la materia en diferentes momentos del proceso de aprendizaje. Esto le ha de permitir explicar y predecir el pensamiento de los alumnos y sus concepciones alternativas, y de esta forma contribuir a desarrollar una progresión de aprendizaje para este tema.

Tal como se muestra en el esquema del cuadro 28 (p. 146), el conocimiento inicial de los niños y niñas sobre la estructura de la materia se puede caracterizar a partir de cómo piensan sobre la categorización, la estructura, las propiedades, la dinámica y las interacciones en la materia. Vamos a ver cada caso.

Con relación al proceso de categorización parece que las ideas de los alumnos sobre la estructura de la materia y su comportamiento están muy condicionadas por su apariencia física, por su similitud externa (similitud superficial). Por lo tanto, parece que se asume la existencia de un vínculo directo entre las propiedades superficiales y las propiedades internas. Esta forma de razonar explica por qué los niños y niñas tienen modelos similares para sustancias diferentes que tienen el mismo aspecto (por ejemplo, diferentes líquidos), y modelos diferentes para sustancias que externamente muestran diferencias (por ejemplo, sólidos en polvo o granulados, con relación a otros tipos de sólidos). Esta categorización inicial basada en la similitud externa se tendría que hacer evolucionar hacia la comprensión que, independientemente de las diferencias en la apariencia y el

Cuadro 28. Caracterización del pensamiento de los alumnos sobre la estructura de la materia (Talanquer, 2009, ligeramente modificado)

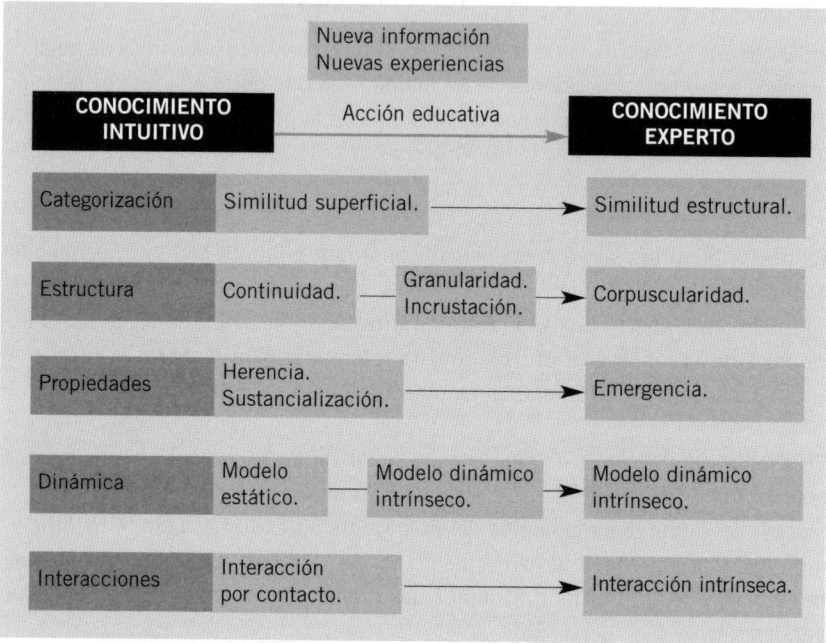

comportamiento, todas las sustancias comparten similitudes estructurales al nivel de las partículas que las conforman, y existen mecanismos causales comunes que determinan sus propiedades y comportamientos (similitud estructural).

Otro elemento característico del razonamiento infantil sobre la materia hace referencia a la estructura. Los niños y niñas parten de un modelo continuo de la materia (continuidad). A medida que los niños y niñas reciben información sobre la existencia de partículas microscópicas, se pasa a un modelo de granularidad en el que los alumnos piensan que la materia está hecha de pequeñas piezas de la propia sustancia, o bien piensan que es una masa continua que tiene partículas, que no son de la propia materia, incrustadas dentro (granularidad e incrustación) como en un pastel de pasas. Esta idea inicial ha de evolucionar hacia la comprensión de que toda materia está formada de partículas de una misma forma y medida, que no se pueden dividir en piezas más pequeñas del mismo tipo (corpuscularidad). En este caso, las partículas ya no se conciben como partes muy pequeñas de la misma sustancia ni como partes microscópicas todas iguales entre ellas, sino que se entiende la sustancia como hecha de partículas (átomos, moléculas) de un determinado tipo.

Con relación a las propiedades de las sustancias, la principal asunción implícita en los modelos infantiles es que las partículas que conforman la sustancia tienen las mismas propiedades que una muestra macroscópica de la sustancia (herencia). Esto les lleva a transferir muchas de las propiedades macroscópicas (color, olor, sabor, textura, capacidad de dilatarse, etc.) al nivel microscópico. Esta herencia de las propiedades no va siempre unida a la idea de granularidad que se ha expuesto antes. Otra asunción inicial es la sustancialización, que en este caso se refiere al hecho de pensar que son las sustancias las portadoras de las propiedades (color, olor, fluidez, etc.). Esto les hace pensar, por ejemplo, que «los líquidos llevan agua». Este modelo inicial tendría que evolucionar hacia una comprensión de las propiedades como un proceso emergente (emergencia) fruto del tipo de partículas, las interacciones y las condiciones en que se encuentra una determinada sustancia.

Un cuarto aspecto del modelo inicial de los niños y niñas sobre la estructura de la materia es con relación a su dinámica. En este sentido, la mayoría de alumnos imagina las partículas como estáticas, fijas en el espacio (modelo estático). A veces, asumen que las partículas se mueven pero sólo cuando algún agente externo ha provocado el movimiento (modelo dinámico extrínseco). Los estudios también muestran que a los alumnos les es más fácil asumir el movimiento de las partículas en los materiales fluidos (líquidos y gases) que en los sólidos, y en ciertas condiciones (temperaturas altas) más que en otras. En este último caso parecería que se asume que el movimiento está causado por el calor. Estos modelos tendrían que evolucionar hacia el hecho de pensar que las partículas se mueven continuamente (en un sólido vibran sobre su posición) y por ellas mismas (modelo dinámico intrínseco).

Finalmente, los estudios también han mostrado que el alumnado hace algunas asunciones sobre las interacciones entre las sustancias. Así parece que inicialmente sólo consideran que se puede producir una interacción cuando dos objetos se encuentran en el tiempo y en el espacio (interacción por contacto). Parece que hay muchas dificultades en aceptar el modelo experto, según el cual existen fuerzas intrínsecas entre las partículas que sólo dependen de su distancia (interacción intrínseca).

Las aportaciones de Talanquer (como también la propuesta que hemos hecho para el caso de los seres vivos) identifican los aspectos de las teorías iniciales e intuitivas de los alumnos (sobre los seres vivos y sobre la estructura de la materia) que la investigación ha puesto de manifiesto y ha señalado como más significativas para entender buena parte de los razonamientos que los alumnos hacen en estos ámbitos, y para explicar muchas de sus concepciones alternativas. Es una línea de trabajo útil porque se esfuerza en hacer una síntesis de muchos resultados provenientes de los estudios sobre concepciones alternativas de los alumnos que hasta ahora estaban muy aislados. A nuestro parecer, la utilidad de estos trabajos se pondrá de manifiesto cuando los diseñadores curriculares los integren de una manera coherente en sus propuestas curriculares, ya se trate de los currículos oficiales, de los proyectos curriculares de un centro escolar o de los proyectos curriculares de las editoriales de libros de texto.

Hay que buscar la forma de integrar toda la nueva investigación sobre el aprendizaje de las ciencias en los proyectos de escuela, en las aulas y en los materiales curriculares. Esto es lo que siempre se ha hecho, como veíamos en el capítulo 1, y lo que siempre se tendrá que hacer. Pero, ahora, es urgente disponer de materiales innovadores y de programas de formación inicial y permanente que acerquen esta investigación (y sus implicaciones docentes) a todos los maestros, porque creemos que esto ayudará a mejorar los resultados de aprendizaje de los niños y niñas. Esperemos que este libro haya servido para incitar a los lectores a profundizar en la nueva información que se deriva de la investigación en psicología y en didáctica de las ciencias, a identificar qué ya se está haciendo muy bien, y a reflexionar sobre lo que habrá que modificar a partir de ahora.

En este capítulo hemos resumido las aportaciones que, desde la didáctica de las ciencias y desde la psicología cognitiva, se han hecho en los últimos años a la comprensión del conocimiento intuitivo de los niños y niñas sobre los seres vivos y sobre la estructura de la materia. En este último caso se ha aprovechado la propuesta que hace Talanquer (2009). Para el caso de los seres vivos hemos presentado, partiendo de los estudios disponibles, nuestra propia propuesta dada la falta de trabajos de síntesis en este ámbito.

Referencias bibliográficas

ACHER, A.; ARCÀ, M.; SANMARTÍ, N. (2007): «Modeling as a teaching learning process for understanding materials: A case study in primary education». *Science Education*, núm. 91, pp. 398-418.

ADEY, P. (2001): «160 years of science education: An uncertain link between theory and practice». *School Science Review*, vol. 82(300), pp. 41-48.

ALABART, L. (1926): *Preparación y desarrollo de lecciones de cosas. Comprende seis series: objetos usuales, animales, vegetales, minerales, productos industriales y experimentos.* Barcelona. Ruiz Romero Ediciones.

APPLETON, K. (2002): «Science activities that work: Perceptions of primary school teachers». *Research in Science Education*, núm. 32, pp. 393-410.

ARCÀ, M.; GUIDONI, P.; MAZZOLI, P. (1990): *Enseñar ciencia: cómo empezar. Reflexiones para una educación científica de base.* Barcelona. Paidós.

ATRAN, S. (1995): «Causal constraints on categories», en SPERBER, D.; PREMACK, D.; PREMACK, A.J. (eds.): *Causal cognition: A multi-disciplinary debate.* Oxford. Clarendon Press, pp. 205-233.

BARBERÀ, O. (2004): «¿Por qué hay que incluir ciencias en la educación primaria? Una respuesta desde la historia de tiempos de reformas escolares», en BANET, E. (ed.): *Perspectivas para las ciencias en la educación primaria.* Madrid. Ministerio de Educación, pp. 61-102.

BARDAPURKAR, A. (2008): «Do students see the "selection" in organic evolution? A critical review of the causal structure of student explanations». *Evolution: Education and Outreach*, núm. 1, pp. 229-305.

BARGALLÓ, M. (1920): *La vida de las plantas, experiencias sencillas para la escuela primaria.* Reus. Ediciones Sardà.

— (1934): *Prácticas de física para la escuela primaria.* Guadalajara. Ediciones Sardà.

BERNAL, J.M. (2001): *Renovación pedagógica y enseñanza de las ciencias: Medio siglo de propuestas y experiencias escolares (1882-1936)*. Madrid. Biblioteca Nueva.

BERNAL, J.M.; COMAS, F. (2001): *Escritos sobre ciencia, género y educación*. Madrid. Biblioteca Nueva.

BOTSFORD COMSTOCK, A. (1911): *Handbook of nature study*. Ithaca. Comstock Publishing Associates.

BOYER, M. (2006): *Le goût des sciences*. París. INRP.

BREWER, W.F. (2008): «In what sense can the child be considered to be a "little scientist"?», en DUSCHL, R.A.; GRANDY, R.A. (eds.): *Teaching scientific inquiry. Recommendations for research and implementation*. Rotterdam. Sense Publishers, pp. 38-49.

CAREY, S. (2000): «Science education as conceptual change». *Journal of Applied Development Psychology*, vol. 21(1), pp. 13-19.

— (1985): *Conceptual change in childhood*. Cambridge. MIT Press.

CARRETERO, M; ASENSIO, M. (2008): *Psicología del pensamiento*. 2.ª ed. Madrid. Alianza Editorial.

CHARPAK, G.; LÉNA, P.; QUÉRÉ, Y. (2006): *Los niños y la ciencia: La aventura de la mano en la masa*. Buenos Aires. Siglo xxi.

CHI, M.T.H. (2008): «Three types of conceptual change: Belief revision, mental model transformation and categorical shift», en VOSNIADOU, S. (ed.): *International handbook of research on conceptual change*. Nueva York. Routledge, pp. 61-82.

CHINN, C.A.; BREWER, W.F. (1998): «An empirical test of a taxonomy of responses to anomalous data in science». *Journal of Research in Science Teaching*, vol. 35(6), pp. 623-654.

CHINN, C.A.; MALHOTRA, B.A. (2002): «Children's responses to anomalous scientific data: How is conceptual change impeded?». *Journal of Educational Psychology,* vol. 94(2), pp. 327-343.

COMAS, M. (1931): *El método de proyectos en las escuelas urbanas.* Madrid. Publicaciones de la Revista de Pedagogía.

— (1937): *Contribución a la metodología de las ciencias naturales.* Girona. Dalmau Carles Editores.

COSCE (2011): *Informe ENCIENDE. Enseñanza de las ciencias en la didáctica escolar para edades tempranas en España.* Madrid. Confederación de Sociedades Científicas de España.

DAVIS, E.A.; KRAJCIK, J.S. (2005): «Designing educative curriculum materials to promote teacher learning». *Educational Researcher,* vol. 34(3), pp. 3-14.

DAWKINS, M.S. (2007): *Observing animal behaviour. Design and análisis of quantitative data.* Oxford. Oxford University Press.

DEBOER, G. (1991): *A history of ideas in science education. Implications for practice.* Nueva York. Teachers College Press.

«Decreto 142/2007, de 26 de junio, por el que se establece la ordenación de las enseñanzas de la educación primaria». *Diari Oficial de la Generalitat de Catalunya,* núm 4915, 29 de juny de 2007.

DEL-CLARO, K. (2010): *Introducción a la ecología comportamental. Un manual para el estudio del comportamiento animal.* Valencia. Tundra Ediciones.

DEWEY, J. (2007): *Cómo pensamos. La relación entre pensamiento reflexivo y proceso educativo.* Barcelona. Paidós.

DISESSA, A.A. (2008): «A bird's eye view of the "pieces" vs. "coherence" controversy (from the "pieces" side of the fence)», en VOSNIADOU, S. (ed.): *International handbook of research on conceptual change.* Nueva York. Routledge, pp. 35-60.

DRIVER, R.; GUESNE, E.; TIBERGHIEN, A. (1989): *Ideas científicas en la infancia y la adolescencia.* Madrid. Morata.

DRIVER, R. y otros (1999): *Dando sentido a la ciencia en secundaria: investigaciones sobre las ideas de los niños.* Madrid. Visor.

DUNCAN, R.G.; HMELO-SILVER, C.E. (2009): «Learning progressions: Aligning curriculum, instruction, and assessment». *Journal of Research in Science Teaching,* vol. 46(6), pp. 606-609.

DUSCHL, R.A. (1997): *Renovar la enseñanza de las ciencias: Importancia de las teorías y su desarrollo.* Madrid. Narcea.

ESCOLANO, A. (1997): *Historia ilustrada del libro escolar en España.* Madrid. Fundación Germán Sánchez Ruipérez.

FARADAY, M. (2004): *La historia química de una vela.* Madrid. Nivola.

FLICK, L.B.; LEDERMAN, N.G. (2006): *Scientific inquiry and nature of science: Implications for teaching, learning and teacher education.* Dordrecht. Springer.

FREINET, C. (1977): *L'ensenyament de les ciències.* Barcelona. Laia.

FREIRE, H. (2011): *Educar en verde. Ideas para acercar niños y niñas a la naturaleza.* Barcelona. Graó.

FULWILER, B.R. (2007): *Writing in science: How to scaffold instruction to support learning.* Portsmouth. Heinemann.

GARCÍA, J.E. (1998): *Hacia una teoría alternativa sobre los contenidos escolares.* Sevilla. Díada.

GARCIA-MILÀ, M.; ANDERSEN, C. (2007): «Developmental change in notetaking Turing scientific inquiry». *International Journal of Science Education,* vol. 29(8), pp. 1035-1058.

GARCIA-MILÀ, M.; ANDERSEN, C.; ROJO, N.E. (2011): «Elementary students' laboratory record Keeling Turing scientific inquiry». *International Journal Science Education,* vol. 33(7), pp. 915-942.

GELMAN, S.A. (2003): *The Essentials child. Origins of essentialism in everyday thought.* Oxford. Oxford University Press.

GESS-NEWSOME, J.; LEDERMAN, N.G. (1999): *Examining pedagogical content knowledge: The construct and its implications for science education.* Dordrecht. Kluwer Academic Publishers.

GIERE, R. (1988): *Explaining science: a cognitive approach.* Chicago. University of Chicago Press.

— (1999): «Un nuevo marco para enseñar el razonamiento científico». *Enseñanza de las Ciencias,* número extra, pp. 63-70.

GÓMEZ GALINDO, A.; SANMARTÍ, N.; PUJOL, R.M. (2007): «Fundamentación teórica y diseño de una unidad didáctica para la enseñanza del modelo ser vivo en la escuela». *Enseñanza de las Ciencias,* vol. 25(3), pp. 325-340.

GONZÁLEZ GALLI, L.M.; MEINARDI, E.N. (2011): «The role of teleological thinking in learning the Darwinian model of evolution». *Evolution: Education and Outreach,* vol. 4(1), pp. 145-152.

GOPNIK, A. (2009): *El filósofo entre pañales.* Madrid. Temas de Hoy.

GOULD, S.J. (1999): *La montaña de almejas de Leonardo. Ensayos de historia natural.* Madrid. Crítica.

HARLEN, W. (1998): *Enseñanza y aprendizaje de las ciencias.* Madrid. Morata/MEC.

HARLEN, W.; ELSTGEEST, J.; JELLY, S. (2001): *Primary science. Taking the plunge.* 2.ª ed. Portsmouth. Heinemann.

HIRSCHFELD, L.A.; GELMAN, S.A. (2002): *Cartografía de la mente. La especificad de dominio en la cognición y en la cultura*. Barcelona. Gedisa.

HUXLEY, T.H. (1968): *Collected essays*. Nueva York. Greenwood Press, 1869.

INAGAKI, K. (1992): «Piagetian and post-piagetian conceptions of development and their implications for science education in early childhood». *Early Childhood Research, Quarterly*, núm. 7, pp. 115-133.

INAGAKI, K.; HATANO, G. (2002): *Young children's naive thinking about the biological World*. Londres. Taylor & Francis.

— (2004): «Vitalistic causality in young children's naive biology». *Trends in Cognitive Sciences*, vol. 8(8), pp. 355-362.

IZQUIERDO, M. (1994): «La V de Gowin, un instrumento para aprender a aprender (y a pensar)». *Alambique. Didáctica de las Ciencias Experimentales*, núm. 114, pp. 114-124.

— (2005): «Hacia una teoría de los contenidos escolares». *Enseñanza de las Ciencias*, vol. 23(1), pp. 111-122.

IZQUIERDO, M.; ALIBERAS, J. (2004): *Pensar, actuar i parlar a la classe de ciències. Per un ensenyament de les ciències racional i raonable*. Bellaterra. UAB.

IZQUIERDO, M.; ESPINET, M.; GARCÍA, M.P.; PUJOL, R.M.; SANMARTÍ, N. (1999a): «Caracterización y fundamentación de la ciencia escolar». *Enseñanza de las Ciencias*, número extra, pp. 79-91.

IZQUIERDO, M.; SANMARTÍ, N.; ESPINET, M. (1999b): «Fundamentación y diseño de las prácticas escolares de ciencias experimentales». *Enseñanza de las Ciencias*, vol. 17(1), pp. 45-59.

JURADO, C.; SEGALÉS, D.; MARTÍ, J. (2001): «Una xarxa de relacions al bosc: una proposta per treballar l'organització dels ecosistemes a cicle superior de primària». *Perspectiva Escolar*, núm. 257, pp. 16-23.

KAMII, C.; DEVRIES, R. (1989): *El conocimiento físico en la educación prees-colar. Implicaciones de la teoría de Piaget.* Madrid. Siglo XXI.

KANARI, Z.; MILLAR, R. (2004): «Reasoning from data: How students collect and interpret data in science investigations». *Journal of Research in Science Teaching,* núm. 41, pp. 748-769.

KARMILOFF-SMITH, A. (1994): *Más allá de la modularidad. La ciencia cogni-tiva desde la perspectiva del desarrollo.* Madrid. Alianza Editorial.

KARMILOFF-SMITH, A.; INHELDER, B. (1981): «Si quieres avanzar, hazte con una teoría». *Infancia y aprendizaje,* núm. 13. p. 65-88.

KEIL, F.C. (2002): «El nacimiento y enriquecimiento de conceptos por domi-nios: el origen de los conceptos de seres vivientes», en HIRSCHFELD, L.A.; GELMAN, S.A. (eds.): *Cartografía de la mente, la especificidad de dominio en la cognición y en la cultura.* Barcelona. Gedisa.

KELEMEN, D. (1999): «The scope of teleological thinking in preschool children». *Cognition,* núm. 70, pp. 241-272.

KLAHR, D.; LI, J. (2005): «Cognitive research and elementary science instruc-tion: From the laboratory, to the classroom, and back». *Journal of Science Education and Technology,* vol. 14(2), pp. 217-238.

KLENTSCHY, M.P. (2008): *Using science notebooks in elementary classrooms.* Arlington. NSTA Press.

KOSLOWSKI, B. (1996): *Theory and evidence. The development of scientific re-asoning.* Cambridge. MIT Press.

KUHN, D.; AMSEL, E.; O'LOUGHLIN, M. (1998): *The development of scientific thinking skills.* San Diego. Academic Press.

LAYTON, D. (1973): *Science for the people. The origins of the school science curriculum in England.* Londres. Allen & Unwin.

LEDERMAN, N.G. (2007): «Nature of science. Past, present and future», en ABELL, S.K.; LEDERMAN; N.G. (eds.): *Handbook of research on science education.* Mahwah New Jersey. Lawrence Erlbaum, pp. 831-880.

LEHERER, R.; SCHAUBLE, L. (2004): «Modeling natural variation through distribution». *American Educational Research Journal,* vol. 41, núm. 3, pp. 635-679.

— (2006): *Investigando los datos reales en la escuela. Ampliar la comprensión infantil de las matemáticas y de las ciencias.* Morón. Publicaciones M.C.E.P.

LEHRER, R.; SCHAUBLE, L.; LUCAS, D. (2008): «Supporting development of the epistemology on inquiry». *Cognitive Development,* vol. 23, núm. 4, pp. 512-529.

MÁRQUEZ, C.; ROCA, M.; GÓMEZ, A.; SARDÀ, A.; PUJOL, R.M. (2004): «La construcción de modelos explicativos complejos mediante preguntas mediadoras». *Investigación en la Escuela,* núm. 53, pp. 71-80.

MÁRQUEZ, C.; ROCA, M.; VIA, A. (2003): «Plantejar bones preguntes: El punt de partida per mirar, veure i explicar amb sentit», en SANMARTÍ, N. (ed.): *Aprendre ciències tot aprenent a escriure ciència.* Barcelona. Edicions 62, pp. 29-58.

MÁRQUEZ, C.; SOLSONA, N. (1993): «La V heurística. Instrument metodològic d'aplicació en el treball experimental». *Guix. Elements d'Acció Educativa,* núm. 185, pp. 35-39.

MARTÍ, J. (2004): «La ciència feta pels infants». *Papers d'Educació. Revista digital de la Universitat de Vic* [en línia]. <http://papers.uvic.cat/numero-0-juliol-2004/>.

— (2006): «Secuencias de preguntas para pensar e investigar sobre la nutrición y la reproducción de los animales», en TOMAS, C.; CASAS, M. (ed.): *Educación primaria: Orientaciones y recursos (6-12 años).* Barcelona. CissPraxis, pp. 243-253.

— (2010*a*): *Representacions de nens i nenes de Primària sobre l'interior de la Terra: composició i descomposició.* Documento inédito.

— (2010*b*): «Presencia de actividad científica en la planificación de secuencias de actividades de maestros de Educación Primaria en formación inicial». Comunicación presentada en el *I Congreso Internacional: Reinventar la Profesión Docente*, (Málaga, 8-10 noviembre).Universidad de Málaga.

MARTINS, I. (2002): «Aprender a llevar a cabo una investigación en los primeros años de escolaridad». *Aula de Innovación Educativa,* núm. 113, pp. 14-17.

MARTINS, I. y otros (2006): *Explorando materiais... dissoluçao em líquidos. Guiao didáctico para professores.* Lisboa. Ministério da Educaçao.

MAYO, E.; MAYO, C. (1851): *Lessons on objects, as given to children between the ages of six and eight, in a pestalozzian school at Cheam*, Surrey [en línea]. <www.archive.org/details/lessonsonobjects01mayo>.

MAYR, E. (1998): *Así es la biología.* Madrid. Debate.

— (2006): *Por qué es única la biología. Consideraciones sobre la autonomía de una disciplina científica.* Buenos Aires. Katz.

MEDIN, D. L.; ATRAN, S. (1999): *Folkbiology.* Cambridge. MIT Press.

MEDIN, D.; WAXMAN, S.; WOODRING, J.; WASHINAWATOK, K. (2010): «Human-centeredness is not a universal feature of young children's reasoning: Culture and experience matter when reasoning about biological entities». *Cognitive Development,* núm. 25, pp. 197-207.

METZ, K.E. (1995): «Reassessment of developmental constraints on children's science instruction». *Review of Educational Research,* 65(2), pp. 93-127.

METZ, K.E. (2000): «Young children's inquiry in biology: Building the knowledge bases to empower independent inquiry», en MINSTRELL,J; VAN ZEE, E.H. (eds.): *Inquiring into inquiry learning and teaching in science.* Washington DC. AAAS, pp. 371-404.

— (2004): «Children' understanding of scientific inquiry: their conceptualization of uncertainty in investigations of their own design». *Cognition and Instruction,* vol. 22(2), pp. 219-290.

MILLAR, R.; DRIVER, R. (1987): «Beyond processes». *Studies in Science Education,* núm. 14, pp. 33-62.

MORIN, E. (2000): *Els set coneixements necessaris per a l'educació del futur.* Barcelona. Centre UNESCO de Catalunya.

NATIONAL RESEARCH COUNCIL (1996): *National science education standards. National Committee on Science Education Standards and Assessment.* Washington, DC. National Academies Press.

NATIONAL RESEARCH COUNCIL (2000): *Inquiry and the national standards in science education standards.* Washington DC. National Academic Press.

— (2007): *Taking science to school: Learning and teaching science in grades K-8.* Wahsington, DC. National Academies Press.

— (2011): *A Framework fort K-12 science education: practices, crosscutting Concepts, and core ideas.* Washington DC. National Academic Press.

NOVAK, J. D.; GOWIN, D. B. (1988): *Aprendiendo a aprender.* Barcelona. Martínez Roca.

OGBORN, J.; KRESS, G.; MARTINS, I.; MCGILLICUDDY, K. (1998): *Formas de explicar. La enseñanza de las ciencias en secundaria.* Madrid. Santillana.

OPFER, J. E.; SIEGLER, R.S. (2004): «Revisiting preschoolers' living things concept: A microgenetic analysis of conceptual change in Basic biology». *Cognitive Psychology,* núm. 49, pp. 301-332.

OSBORNE, J.; SIMON, S. (1996): «Primary science: Past and future direction». *Studies in Science Education,* núm. 26, pp. 99-147.

OSBORNE, R.; FREYBERG, P. (1995): *El aprendizaje de las ciencias: implicaciones de las «ideas previas» de los alumnos.* 2.ª ed. Madrid. Narcea.

PENNER, D.E.; KLAHR, D. (1996): «When to trust the data: Furthest investigations of system error in scientific reasoning task». *Memory & Cognition*, vol. 24(5), pp. 655-668.

PESTALOZZI, J.H. (1986): *Com Gertrudis educa els fills*. Vic. Eumo.

PIAGET, J. (1985): *Escrits per a educadors*. Vic. Eumo.

PORLÁN, R. (1994): «Las concepciones epistemológicas de los profesores: el caso de los estudiantes de magisterio». *Investigación en la escuela*, núm. 22, pp. 67-84.

POZO, J.I. (2001): *Humana mente. El mundo, la conciencia y la carne*. Madrid. Morata.

POZO, J.I. y otros (2006): *Nuevas formas de pensar la enseñanza y el aprendizaje. Las concepciones de profesores y alumnos*. Barcelona. Graó.

POZO, J.I.; FLORES, F. (coord.) (2007): *Cambio conceptual y representacional en el aprendizaje y la enseñanza de la ciencia*. Madrid. Machado Libros.

PUJOL, R.M. (2003): *Didáctica de las ciencias en la educación primaria*. Madrid. Síntesis.

RAMIRO, E. (2010): *La maleta de la ciencia. 60 experimentos de aire y aigua y centenares de recursos para todos*. Barcelona. Graó.

«Real Decreto 1513/2006, de 7 de diciembre, por el que se establecen las enseñanzas mínimas de la educación primaria». *Boletín Oficial del Estado*, núm. 293, 8 de diciembre de 2006.

ROCARD, M. (2007): *Science education now: A renewed pedagogy for the future of Europe*. Brussels. European Commission, Directorate General for Research, Science, Economy and Society.

RODRIGO, M.J.; RODRÍGUEZ, A.; MARRERO, J. (1993): *Las teorías implícitas. Una aproximación al conocimiento cotidiano*. Madrid. Visor.

SÁINZ, F. (1993): *El método de proyectos.* Madrid. Publicaciones de la Revista de Pedagogía.

SARDÀ, A.; MÁRQUEZ, C. (2008): «El uso de maquetas en el proceso de enseñanza-aprendizaje del sistema nervioso». *Alambique. Didáctica de las Ciencias Experimentales,* núm. 58, pp. 67-77.

SCHWARZ, C.V. y otros (2009): «Developing a learning progression for scientific modeling: making scientific modeling accessible and meaningful to learners». *Journal of Research in Science Teaching,* vol. 46(6), pp. 632-654.

SEGALÉS, D.; FONTARNAU, D.; JIMÉNEZ, I.; MARTÍ, J.; RIERA, S. (2011): «La libreta de ciencias». *Cuadernos de Pedagogía,* núm. 409, pp. 31-34.

SENSAT, R. (1923): *Les ciències en la vida de la llar.* Barcelona. Associació Protectora de l'Enseyança Catalana.

— (1996): *Vers l'escola nova.* Vic. Eumo.

SHELDON, E.A. (1862): *A manual of elementary instruction, containing a graduate course of object lessons for training the senses and developing the faculties of children* [en línea]. Biblioteca del Congreso de Estados Unidos. <www.archive.org/details/manualofeleemnta00shel>.

SINATRA, G.M.; PINTRICH, P.R. (2003): *International conceptual change.* Mahwah. Lawrence Eerlbaum.

SMITH, C.L.; MACLIN, D.; HOUGHTON, C.; HENNESSEY, M.G. (2000): «Sixthgrade students' epistemologies of science: The impact of school science experiences on epistemological development». *Cognition and Instruction,* vol. 18(3), pp. 349-422.

SPENCER, H. (1989): *L'educació intel·lectual, moral i física.* Vic. Eumo.

STRAUSS, S.; SHILONY, T. (2002): «Los modelos de los docentes acerca de la mente infantil y el aprendizaje», en HIRSCHFELD, L.A.; GELMAN, S.A. (eds.): *Cartografía de la mente.* Barcelona. Gedisa.

TALANQUER, V. (2009): «On cognitive constraints and learning progressions: The case of "structure of matter"». *International Journal of Science Education,* vol. 31(15), pp. 2123-2136.

THAGARD, P. (2008): *La mente. Introducción a las ciencias cognitivas.* Buenos Aires. Katz.

TOTH, E.; KLAHR, D.; CHEN, Z. (2000): «Bridging research and practice: A cognitively based classroom intervention for teaching experimentation skills to elementary school children». *Cognition and Instruction,* vol. 18(4), pp. 423-459.

VALLS, V. (1932): *Metodología de las ciencias físicas.* Madrid. Publicaciones de la Revista de Pedagogía.

VIENNOT, L. (2002): *Razonar en física: la contribución del sentido común.* Madrid. Machado Libros.

VOSNIADOU, S. (1994): «Capturing and modeling the process of conceptual change». *Learning and Instruction,* núm. 4, pp. 45-69.

— (2008): *International handbook of research in conceptual change.* Londres. Routledge.

VOSNIADOU, S.; BREWER, W.F. (1992): «Mental models of the Earth: A study of conceptual change in childhood». *Cognitive Psychology,* núm. 24, pp. 535-585.

— (1994): «Mental models of the day/night cycle». *Cognitive Science,* núm. 18, pp. 123-183.

VOSNIADOU, S.; VAMVAKOUSSI, X.; SKOPELITI, I. (2008): «The Framework theory approach to the problem of conceptual change», en VOSNIADOU, S. (ed.): *International handbook of research on conceptual change.* Nueva York. Routledge, pp. 3-34.

WAGENSBERG, J. (2006): *A más cómo, menos por qué.* Barcelona. Tusquets.

— (2007): *El gozo intelectual. Teoría y práctica sobre la inteligibilidad y la belleza.* Barcelona. Tusquets.

WELLMAN, H.M.; GELMAN, S.A. (1998): «Knowledge acquisition in foundational domains», en WELLMAN, H.M.; GELMAN; S.A.; DAMON, W. (eds.): *Handbook of child psychology: Volume 2: Cognition, perception, and language.* Hoboken. John Wiley & Sons Inc., pp. 5.213-573.

WILLINGHAM, D.T. (2011): *¿Por qué a los niños no les gusta ir a la escuela?* Barcelona. Graó.

WINDSCHITL, M. (2008): «Our Challenger in disrupting popular folk theories of "doing science"», en DUSCHL, R.A.; GRANDY R.A.: *Teaching scientific inquiry. Recommendations for research and implementation.* Rotterdam. Sense Publishers.

ZIMMERMAN, C. (2007): «The development of scientific thinking skills in elementary and middle school». *Developmental Review,* núm. 27, pp. 172-223.

ZOHAR, A.; GINOSSAR, S. (1998): «Lifting the taboo regarding teleology and anthropomorphism in biology education. Heretical suggestions». *Science Education,* núm. 82, pp. 679-697.

Títulos de la colección

Aprender ciencias en la educación primaria
Jordi Martí

Química en infantil y primaria. Una nueva mirada
Mercè Izquierdo (coord.), Grupo de trabajo Kimeia

Jordi Martí Feixas, licenciado en biología, actualmente es profesor de didáctica de las ciencias de la Universidad de Vic (UVic). Investiga sobre los modelos de enseñanza de las ciencias en infantil y primaria y sobre la construcción del conocimiento didáctico de los maestros y maestras, para la enseñanza de las ciencias. Participa regularmente en actividades de formación permanente de maestros. Ha publicado diversos artículos sobre la enseñanza de las ciencias en primaria, y ha participado en la elaboración de materiales curriculares. Impulsa el congreso «La ciència feta pels infants» ('La ciencia hecha por los niños'), un congreso científico protagonizado por niños y niñas de 3 a 12 años, que se lleva a cabo en la Universidad de Vic desde el año 2003.